Gabriele Harzheim

Die letzte Karre Korn

Das ehemalige Dorf Wollseifen im Nationalpark Eifel

Schriftenreihe
der Akademie Vogelsang IP

Impressum

Eifel-Verlag, Jünkerath
Vogelsang IP gemeinnützige GmbH, Schleiden

Herausgegeben im Auftrag der
Vogelsang IP gemeinnützige GmbH
von Stefan Wunsch

Autorin
Gabriele Harzheim

Redaktion
Gabriele Harzheim
Albert Moritz
Stefan Wunsch

Layout und Satz
Dörte Stein, muntumedia.de

Druck
Krüger Druck + Verlag, Merzig/Saar

ISBN: 978-3-943123-36-4

Inhalt

Heimat ist der Platz, an dem man aufgehoben ist, in der Sprache, im Gefühl, ja selbst im Schweigen.

Siegfried Lenz

Vorwort

„Es war einmal…“, so fangen in der Regel Märchen an, die meist gut enden. „Es war einmal ein kleines Dorf in der Eifel…“, so könnte die Geschichte von Wollseifen beginnen, das Ende allerdings war – zumindest für die Bewohnerinnen und Bewohner – kein gutes. Doch die Geschichte endet nicht mit der Vertreibung der Menschen und der Zerstörung des Ortes, sie geht bis heute weiter.

Diese Publikation ist keine Ortschronik, vielmehr möchte sie einen Überblick über die Geschichte des Ortes Wollseifen geben, das Leben und Arbeiten früherer Generationen dort näher beleuchten, die großen Umbrüche des 20. Jahrhunderts darstellen, die schließlich das Ende des Ortes als Dorfgemeinschaft besiegelten und nicht zuletzt die Entwicklungen aufzeigen, die zum heutigen Wollseifen im Nationalpark Eifel führten. Jeder Besucher, jede Besucherin, der oder die dorthin zu Fuß, mit dem Fahrrad oder mit der Pferdekutsche gelangt, wird ein eigenes Bild im Kopf entwickeln. Die baulichen Überreste des ehemaligen Dorfes Wollseifen, die noch stehenden, ehemaligen Übungshäuser des Militärs, wirken ständig anders, je nach Wetter und Jahreszeit, je nach eigener Betroffenheit und Vorwissen.

Um besser verstehen zu können, warum der Ort Wollseifen heute so aussieht, wie die Besucherinnen und Besucher ihn antreffen, dazu möchte diese Veröffentlichung beitragen.

Gewidmet ist dieses Buch Fritz Sistig, der noch in Wollseifen aufgewachsen war und sich dem Sammeln und Bewahren von Fotomaterial sowie Dokumenten zur Ortsgeschichte verschrieben hatte. Leider hat er die Eröffnung der Ausstellung zur Dorfgeschichte in der ehemaligen Schule von Wollseifen 2016 nicht mehr miterleben können.

Wald
Wasser
Wildnis
(Motto des Nationalparks Eifel)

1. Die Anfänge des Ortes

Wildnis, weites Land mit Hochflächen, tief eingeschnittene Täler mit Bächen und Flüssen und viel Wald, sehr viel Wald: Buchenwälder auf den Höhen, Eichen auf trockenen, felsigen Hängen, die sich zum Rur- und Urfttal ziehen, Hainbuchen, Eschen, Ahorn, Vogelkirschen, Erlen und Weiden in den Schluchtwäldern der engen Täler, so muss die Landschaft der Nordeifel noch in der Römerzeit ausgesehen haben.

Inwieweit das Gebiet des heutigen Nationalparks Eifel, insbesondere die Bereiche der heutigen Dreiborner Hochfläche, bereits im Neolithikum ab etwa 5.000 v. Chr. immer mal wieder besiedelt waren, lässt sich aufgrund mangelnder archäologischer Funde heute nicht sagen. Spätestens in der Eisenzeit werden vermutlich Menschen vor allem in den Tälern nach Raseneisenerz gegraben haben, wie dies weiter südlich in der Eifel aus der Gegend um Hillesheim belegt ist. Denn der Boden war erzhaltig, wie die seit dem Mittelalter existierenden Abbaugebiete im Urfttal und im Bereich der heutigen Gemeinde Kall zeigen. Wesentlich deutlichere Spuren haben die Römer in der Nähe von Wollseifen hinterlassen. Wenige Kilometer vom Ort entfernt befindet sich im Sauerbachtal

← *Abb. 1: Wie hier im Kermeter müssen früher große Bereiche der Eifel ausgesehen haben*

↑ *Abb. 2: Stahlstich der Heilsteinquelle von Johann Peter Scheuren, um 1830* die sogenannte Heilsteinquelle, eine Mineral- und Kohlensäure haltige Quelle, deren Wasser heute über eine Leitung nach Einruhr zum Heilsteinbrunnen geleitet wird. Sie muss schon zur Römerzeit (im 2. oder 3. Jahrhundert n. Chr.) bekannt gewesen sein, wie Funde von Keramik und Münzen belegen[1]. Außerdem führte eine Römerstraße von Einruhr über die Hochfläche an dem späteren Walberhof vorbei in Richtung Gemünd.

Erst im 12. Jahrhundert rückte das Gebiet um das spätere Dorf Wollseifen in das Licht der Öffentlichkeit, als König Konrad III. 1145 dem Kloster Steinfeld das neu gerodete Gebiet „Walebure“, den späteren Walberhof, schenkte. Möglicherweise weist der Name auf eine Rodung des Klosters hin, für die „Wallonen“ ins Land geholt wurden. Zumindest lässt der Name „Walebure“ = „Hof, Ansiedlung der Walen“ darauf schließen[2]. Es handelte sich um einen mehr als 100 Hektar großen Bereich, der von zahlreichen Menschen in Handarbeit bewirtschaftet werden musste. Möglicherweise waren auf Betreiben des aus der Wallonie stammenden Steinfelder Mönchs und späteren (ab 1152) Probstes Ulrich Siedler aus der Wallonie gekommen, nicht nur, um hier zu roden, sondern – aufgrund ihrer bergmännischen Erfahrung – auch Eisenerz abzubauen. Erst im Nachhinein hat man die in Walberhof errichtete Kapelle der Hl. Walburga geweiht und eine Namensangleichung vorgenommen. Die noch gelegentlich vorkommende Vorstellung, die Walburgiskapelle in Walberhof sei schon in karolingischer Zeit errichtet worden, kann als Legende gelten[3].

Administrativ gehörte dieses Gebiet rund um das spätere Dorf Wollseifen, das als „Überruhr“ bezeichnet wurde, bis ins 14. Jahrhundert hinein zum Herrschaftsbereich der Grafen und späteren Herzöge von Limburg und Montjoie (Monschau) mit der Mutterkirche in Konzen und war dem Marienstift in Aachen zehntpflichtig, musste also dort eine Art Steuer bezahlen. Der Walberhof blieb lange Zeit Siedlungsmittelpunkt der Region. Mit der weiteren Rodung der Wälder in der Region und der Gründung von neuen Siedlungen im Laufe des 12. bis 14. Jahrhunderts, darunter auch Wollseifen, blieb die Kapelle in Walberhof noch eine Zeitlang zumindest der kirchliche Mittelpunkt, wohin die Einwohner sonntags zum Gottesdienst gingen. Die ersten schriftlichen Erwähnungen von Siedlungen stammen aus dem 14. Jahrhundert, so u.a. Harperscheid, Schöneseiffen und Bronsfeld 1322, Berescheid und Ettelscheid 1334, Wollseifen und Morsbach 1361[4]. Natürlich müssen diese Siedlungen bereits vorher existiert haben, da die Jahreszahlen nur das Datum der Urkunde nennen. Eine genaue Datierung der Siedlungsgründung ist daher nicht möglich.

1379 ging das Land „Überruhr“, und somit auch Wollseifen und Walberhof, an die Herrschaft Kronenburg-Neuerburg über, 1487 wurde es Besitz der Grafen von Schleiden. Die Landbevölkerung wird das damals wahrscheinlich nur insofern interessiert haben, als sie ihre Abgaben jetzt an andere Stelle liefern mussten. Der Alltag war unverändert vom Kampf um das tägliche Brot bestimmt. Die Menschen waren weitgehend dem Wetter und Naturkatastrophen wie Sturm, frühen Wintereinbrüchen oder Feuersbrünsten ausgeliefert, die über den Ertrag der Ernten bestimmten. Hinzu kam die Gefahr von Krankheiten, die man kaum behandeln konnte. Vor allem die erste größere Pestwelle, die in Mitteleuropa um 1350 wütete, stellte eine große Bedrohung dar. Leider gibt es keine Nachrichten darüber, wie es den Menschen im damaligen Wollseifen ging. Das, was wir sicher annehmen können, ist, dass die Landbevölkerung vollkommen im Rhythmus der Jahres- und Tageszeiten sowie des Kirchenjahres mit seinen Feiertagen lebte. Das ist auch noch mehrere hundert Jahre so geblieben.

Abb. 3: Der Walberhof um 1925

Abb. 4: Preußische Uraufnahme (1846/1850), Blatt 5404 Schleiden, der Region um Wollseifen

Abb. 5: Wachsabdruck des Amtssiegels von Wollseifen, 2. Hälfte 17. Jahrhundert

„...auß mangel einer Kirch in gemeltem Ort ...“

(„... aus Mangel einer Kirche im genannten Ort...“, aus dem Protokoll über die Erhebung der Filiale Wollseifen zur selbständigen Pfarrei)[5]

1.1 Wollseifen in der Überlieferung der Pfarrchronik

Die Kirche spielte im Leben der Menschen im mittelalterlichen und frühneuzeitlichen Europa eine bedeutende Rolle. Kirchliche Feste gliederten das Jahr und die Woche. Der sonntägliche Besuch der Messe war selbstverständlich, auch wenn man dafür größere Wege zurücklegen musste. Zudem stellte die Kirche eine wichtige Institution dar, wenn es um die „Verwaltung des Lebens" ging. Taufen und Sterbefälle wurden von den Pfarrern dokumentiert, Trauungen ausschließlich durch sie durchgeführt. Bevor eine eigene Pfarrkirche in Wollseifen erbaut und 1660 geweiht wurde, mussten die Dorfbewohnerinnen und -bewohner in anderen Orten die Messe besuchen. Lange Zeit wird es die Kapelle in Walberhof gewesen sein, da diese, zumindest solange der Hof im Besitz des Klosters Steinfeld war, für die Seelsorge der Landes „Überruhr" zuständig war. Allerdings handelte es sich nicht um eine Pfarrkirche, d.h. sie konnte nicht alle wichtigen Funktionen einer Pfarrei leisten. Das Land „Überruhr" gehörte spätestens ab dem Jahr 1252 zur Pfarrei Olef. Das hieß, dass in Walberhof nur noch Andachten gefeiert wurden und die Bewohnerinnen und Bewohner der Orte für Messen nach Olef gehen mussten, was für die Menschen aus Wollseifen einen Fußweg von mehr als sieben Kilometer bzw. etwa anderthalb Stunden Gehzeit bedeutete. Spätestens Mitte des 15. Jahrhunderts war die Kapelle in Walberhof außer Gebrauch gekommen, denn 1478 kamen die beiden Glocken der Kapelle in die neu errichtete Kirche nach Harperscheid[6]. Kurz vorher muss auch in Wollseifen eine erste Kapelle gebaut worden sein, die wahrscheinlich um 1470 fertiggestellt war[7]. So konnten hier zumindest Andachten gefeiert werden. Die Begründung für den Bau einer eigenen Pfarrkirche war daher auch, dass vor allem die alten und kranken Einwohnerinnen und Einwohner im Winter nicht die Möglichkeit hatten, in die Messe nach Olef zu gehen[8]. Nachdem bereits seit 1633 eine Kirche gebaut und dem Hl. Rochus geweiht wurde, war es 1660 soweit: Wollseifen erhielt eine Pfarrerstelle.

← *Abb. 6: Heutige restaurierte Wege-Kapelle*

↑ *Abb. 7: Kirche St. Rochus mit Ehrenmal für die Gefallenen des Ersten Weltkriegs, um 1920*

Allerdings spielten im Hinblick auf den Bau einer Pfarrkirche nicht nur die Wünsche der Dorfbewohnerinnen und -bewohner eine Rolle, sondern auch kirchenpolitisch-strategische Überlegungen: Mitte des 16. Jahrhunderts waren die Territorialherren der Schleidener Herrschaft der sich neu entwickelnden protestantischen Konfession recht aufgeschlossen gegenüber gewesen. Unter Dietrich VI. war die Schleidener Pfarre 1561 sogar protestantisch geworden. Der Schleidener Raum hatte sich daraufhin in der zweiten Hälfte des 16. Jahrhunderts sogar zu einem protestantischen Zentrum in der Eifel entwickelt. Um 1619 setzte dann hier die Gegenreformation ein. Graf Ernst zu der Marck war sehr bestrebt, durch den Bau von Kirchen und damit die Errichtung von Pfarreien in der Fläche die Menschen wieder „auf den Weg des rechten Glaubens" zu führen.

Für die Geschichtsschreibung von Wollseifen ist die Tatsache, dass jetzt ein Pfarrer vor Ort tätig war, insofern von Bedeutung, als dass von nun an viele wichtige Ereignisse rund um die Pfarrei und das Dorf in einer Pfarrchronik von den Pfarrern, die meist die einzigen waren, die im Dorf lesen und schreiben konnten, festgehalten wurden.

Abb. 8: Das Pfarrhaus in Wollseifen 1911

Die Chronik ist immer wieder von amtierenden Pfarrern weitergeführt bzw. neu abgeschrieben worden. Darum handelt es sich nicht um eine Urkunde, sondern eigentlich um eine Abschrift, die überliefert ist und die zum Schluss einem der letzten in Wollseifen tätigen Lehrern überlassen wurde[9]. Neben einer detaillierten Auflistung der in Wollseifen amtierenden Pfarrer nennt die Chronik auch Details zur Erweiterung und Renovierung der Kirche. Der Kirchenbau hat im Laufe der Zeit mehrmals Veränderungen und Erweiterungen erfahren, vor allem im 19. und frühen 20. Jahrhundert. Dies ist auch heute noch am Fußbodenbelag zu erkennen. Die großen Schieferplatten im Kirchenschiff sind wesentlich älter als die noch im Chorbereich erkennbaren Fliesen, die erst um 1900 gelegt worden sind. 1848 war vor den Turm im Eingangsbereich ein Vorhaus gebaut worden, von dem man heute noch Spuren an der Fassade sowie Reste des ehemaligen Bodenplattenbelags erkennen kann. 1885 begann man mit einer neuen Ausmalung der Kirche, 1888 ist eine neue Sakristei gebaut worden und um 1900 wurden der Chor neu gestaltet und neue Kirchenbänke aufgestellt. Von all diesen Erweiterungs- und Renovierungsarbeiten sind heute nur noch Spuren im Kirchenraum zu sehen.

Abb. 9: Inneres der Pfarrkirche St. Rochus, um 1930 und heute

Eine eigene Geschichte hatten die Kirchenglocken. Lange Zeit bestand das Geläut aus zwei Glocken, von denen die erste (Marienglocke) für das Jahr 1635 belegt ist[10]. Die zweite, kleinere, kam 1652 dazu (Michaelsglocke). Nach mehr als 200 Jahren war die Marienglocke offenbar so abgenutzt, dass sie 1847 sprang und ersetzt werden musste. Die neue Glocke hielt dem gegenüber nur sehr kurz: Nach dem 14tägigen Trauergeläute für Kaiserin Augusta, Ehefrau von Kaiser Wilhelm I., die 1890 gestorben war, zersprang auch sie und wurde 1894 wieder ersetzt. Zwischenzeitlich war das Geläut 1879 durch die Rochusglocke ergänzt worden.

Die Chronik nennt auch die Namen der in Wollseifen tätigen Pfarrer. Dabei wird deutlich, dass immer wieder auch Ordensleute vor Ort im Einsatz waren, z.B. aus den Klöstern Steinfeld oder aus Mariawald bei Heimbach. Die Pfarrer waren im Dorf Respektpersonen und genossen in der Regel ein hohes Ansehen. Im Zusammenhang mit einigen genannten Personen erscheinen zumindest in der Abschriftversion, die der Lehrer Heimbach überliefert hat[11], Details, die auch die Lebenssituation im Dorf beleuchten. So wird über den Pfarrer Johann Peter Hilger, der seit 1841 in Wollseifen tätig war, berichtet, dass er bereits in den 1820er Jahren vier Jahre lang Vikar in Schleiden gewesen war und dort wohl so heftig gegen die Protestanten gepredigt hat, „worüber diese so aufgebracht wurden, daß er hat fliehen müssen nach Frankreich..."[12]. Wahrscheinlich hatte er sich schon zu Beginn seiner Amtszeit in Wollseifen sehr stark für ein neues Pastorat eingesetzt. Mit dem Bau des Pfarrhauses wurde 1846 begonnen und schon ein Jahr später, im Jahr 1847, konnte Hilger es beziehen[13]. Hilger scheint einen eigenwilligen und durchsetzungsfähigen Charakter gehabt zu haben und blieb doch dabei sehr bodenständig. So heißt es in der Chronik: „Der Pastor Joh. Peter Hilger ist in seinem äußeren Benehmen etwas rauh gewesen, er hielt es nicht unter seiner Würde, die Hacke mit dem Korb daran auf d. Schulter zu nehmen u. Kartoffeln zu holen. Bei dieser Gelegenheit sowie auch beim Fischen hatte er einen blauen Kittel an[14]. Sonntags Nachtmittags sagte er oft zu den Leuten, die fischen gingen: Geh schon, ich komme nach." Nach der Andacht ging er auch gelegentlich mit den Männern ins Wirtshaus und kartete dort mit ihnen: „ [...] verlor er, dann war er nicht bei guter Laune"[15]. Dass sich Hilger für seine „Schäfchen" voll einsetzte, zeigt die letzte Episode seines Lebens. Im Spätherbst 1852 hatte er die Prozession der Wollseifener Bevölkerung nach Barweiler, einem für die Menschen der Eifel wichtigen Marienwallfahrtsort in der Nähe von Adenau, begleitet. Auf dem Rückweg mussten die Teilnehmenden die Ahr überqueren, die aufgrund heftiger Niederschläge stark angeschwollen war. Kurzerhand nahm der wohl körperlich starke Pfarrer einige Personen nacheinander auf die Schultern und überquerte die eiskalten Fluten, damit sie sich am anderen Ufer in einem nahegelegen Dorf um Ochsen- bzw. Pferdewagen kümmern konnten, die die Menschen sicher über den Fluss bringen sollten. Dabei muss sich Hilger wohl unterkühlt und erkältet haben, denn am 31. Januar verstarb er nach achttägiger Krankheit, möglicherweise an einer schweren Lungenentzündung.

In einer anderen Quelle, die sich auf die Pfarrchronik bezieht, wird auch über Einbrüche ins Pfarrhaus berichtet[16]. 1910 muss wohl eine Diebesbande die Region unsicher gemacht haben, denn in diesem Jahr wurde zweimal im Pfarrhaus in Wollseifen eingebrochen. Nach dem letzten Einbruch wurde die Spur der Diebe mit Hilfe des Polizeihundes bis ins Pfarrhaus in Olef verfolgt, wo diese kurz vorher ebenfalls eingebrochen waren. Allerdings blieb der Fahndungserfolg aus.

Der letzte Pfarrer von Wollseifen hieß Wilhelm Heßler, der 1934 seine Stelle vor Ort antrat. Nachdem die Wollseifener 1946 ihren Heimatort verlassen mussten, wurde Heßler 1947 eine Pfarrstelle in Lendersdorf übertragen. Er war bis 1962 im Raum Düren tätig und verstarb 1968 in Mönchengladbach.

Abb. 10: Die ehemalige Pfarrkirche St. Rochus heute

Abb. 11: Hochzeitsgesellschaft in Wollseifen, 1930er Jahre

„weil man's von seinen Großeltern her nicht anders gewohnt ist..."

(aus der Beschreibung der Eifeler Landbevölkerung durch den Arzt Johann Christian Jonas, um 1800)[17]

2. Das dörfliche Leben vor dem Zweiten Weltkrieg

Seit der zweiten Hälfte des 19. Jahrhunderts hatte es immer häufiger Veränderungen in der Lebenssituation der ländlichen Dorfgemeinschaften in der Eifel gegeben. Einen ersten wirklich großen Einschnitt ins dörfliche Leben Wollseifens brachte zu Beginn des 20. Jahrhunderts der Bau der Urfttalsperre. Bis dahin lebten und wirtschafteten die Menschen von Generation zu Generation in traditioneller und damit für sie in bewährter Weise. Das Dorf war ein eigener Mikrokosmos. Hier wurden die kirchlichen und familiären Feste gefeiert. Man kannte sich untereinander und Nachbarschaftshilfe war selbstverständlich. Genauso gab es auf der anderen Seite eine dörfliche soziale Kontrolle, sodass es sehr schwer war, sich gegen die Regeln der Gemeinschaft zu stellen.

Die erste Welle der Modernisierung hatte es bereits nach 1900 in den Eifeler Dörfern gegeben, aber erst der radikale Umbruch des Zweiten Weltkriegs sowie der wirtschaftliche Aufschwung der 1950er und vor allem der 1960er Jahre leitete eine komplette gesellschaftliche Veränderung auf dem Lande ein. Diese hat das Dorf Wollseifen nicht mehr erleben können. Bis dahin gehörte weitgehende Selbstversorgung – zumindest mit Nahrungsmitteln, Wasser, Baustoffen usw. – selbstverständlich zum Alltag. Die Größe des Landbesitzes bestimmte den sozialen Status der Menschen im Dorf. Es gab kaum Alternativen zur Landwirtschaft. Handwerker wie Stellmacher, Schmiede, Strohdachdecker und andere Berufsgruppen mussten in der Regel eine Nebenerwerbslandwirtschaft führen, um über die Runden zu kommen. Menschen ohne Landbesitz waren als Tagelöhner auf kurzfristige Hilfsarbeiten bei wechselnden Arbeitgebern angewiesen oder verließen sogar ganz ihr Dorf, um sich anderweitig Arbeit zu suchen. Junge Frauen hatten es hier besonders schwer. Wenn sie nicht eine „gute Partie" machten und in einen größeren Hof einheirateten, bestand ihr Schicksal häufig darin, zeitlebens als Magd auf dem elterlichen oder einem fremden Hof zu arbeiten oder in die Stadt zu gehen und dort – zumindest bis zur Heirat – als Fabrikarbeiterin oder Zimmermädchen Geld zu verdienen.

Erschwert wurde die Situation durch die in der Nordeifel übliche Realteilung: Im Erbfall wurden der Hof und das Land an alle Kinder des oder der Verstorbenen zu gleichen Teilen aufgeteilt, wobei Parzellen immer weiter gestückelt wurden. Die Folge waren zum Teil winzige Grundstücke von wenigen hundert Quadratmetern. Diese waren teilweise nicht mehr über einen Weg zu erreichen, wodurch eine Bearbeitung kaum noch möglich war. Für die ärmeren Dorfbewohner war daher vor allem die Allmende überlebenswichtig, also das Land, das von allen gemeinschaftlich genutzt werden konnte. Hier war es möglich, Flächen durch ein Lossystem für eine bestimmte Zeit zur Nutzung zu erhalten und zu bearbeiten oder das Vieh auf das so genannte „Ödland", verbuschte Heide- und Ginsterflächen, und in den Wald zu treiben. Bargeld kam nur selten in die Haushaltskasse. Wenn jemand keinen Handwerksberuf ausübte, sondern nur von der Landwirtschaft lebte, gab es nur die Möglichkeit, größere Geldbeträge über den Verkauf von Vieh zu erhalten. Viehhändler und Viehmärkte spielten daher eine wichtige Funktion im Leben der Landbevölkerung, nicht nur im Wirtschafts-, sondern auch im sozialen Leben. Auf Märkten tauschten die Menschen Neuigkeiten aus oder pflegten soziale Kontakte außerhalb des Dorfes.

Abb. 12: Ansichtspostkarte der Hauptstraße in Wollseifen mit Ochsenfuhrwerk, um 1920

Abb. 13: Frau aus Wollseifen vor ihrem Haus beim Füttern der Hühner, um 1920

→

Abb. 14: Bäuerliche Familie am Eingang eines Fachwerkhauses in Wollseifen, in den 1920er Jahren

Abb. 15: Bäuerliche Großfamilie auf dem Feld bei der Haferernte, in den 1930er Jahren

„Ich ha ken Zick mie, ich moß nom Heu gohn“

(„Ich habe keine Zeit mehr, ich muss ins Heu gehen“: überlieferter Ausspruch einer Frau am Sterbebett ihres Mannes) [18]

Abb. 16: Ansichtskarte von Wollseifen um 1930. Gut sichtbar sind die kleinen Parzellen am Dorfrand sowie Obstbäume in den Hausgärten.

2.1 Einblicke in die Land- und Forstwirtschaft

Das Leben auf dem Lande war jahrhundertelang nicht nur von kirchlichen Festen, sondern vor allem vom Rhythmus der Natur und der Jahreszeiten geprägt. Da bei den meist kleinen Höfen (zwischen zwei und 15 Hektar Größe im Schnitt) die Selbstversorgung dominierte, hielt man nicht nur Vieh, sondern baute auch Feldfrüchte an. In der Eifel herrschte die Wechselwirtschaft vor, das heißt, dass die Flächen mehrere Jahre als Ackerland genutzt wurden und dann wieder brach fielen und als Viehweide dienten. Die Beweidung durch das Vieh – meist waren es nicht mehr als zwei, drei Kühe pro Hof – und das Ausbringen des Mistes im Frühjahr waren die einzigen Möglichkeiten, das Land zu düngen. Gemistet wurde aber vor allem der Gemüsegarten, der an keinem Haus fehlen durfte. Obst, insbesondere Äpfel, Birnen und Pflaumen, wurden in den Obstbaumgärten, die sich wie ein Ring um das Dorf zogen, angebaut. Auf historischen Fotos von Wollseifen ist dies noch gut zu erkennen. Selbst heute noch, über 70 Jahre nach dem Auszug der Bewohnerinnen und Bewohner aus Wollseifen, erkennt man auf den Wegen Richtung ehemaliger Kirche noch vereinzelt sehr alte Obstbäume, die auf einen Hausgarten oder eine Obstbaumwiese in früherer Zeit schließen lassen.

Abb. 17: Kaffeepause auf dem Feld während der Haferernte; 1930er Jahre

Abb. 18: Roggenernte mit der Sense nahe Wollseifen; 1930er Jahre

Auf den Ackerflächen bauten die Landwirte insbesondere Hafer und Roggen an. Weizen wuchs aufgrund der klimatischen Bedingungen nur sehr schlecht und wurde daher auch nicht ausgesät. Seit der Einführung der Kartoffel etwa Mitte des 18. Jahrhunderts gehörte diese Knollenfrucht zur täglichen Nahrung. Aus dem 19. Jahrhundert ist für den Gemünder Raum der Anbau von Flachs, Hanf sowie von Ölsaaten wie Raps und Rübsensamen belegt[19]. Im 20. Jahrhundert war Flachsanbau rund um Wollseifen wohl nicht mehr anzutreffen, früher hatte diese Pflanze große Bedeutung, da sich aus ihren Stängeln Leinenfasern gewinnen lassen. Leinen für Bett- und Tischwäsche sowie für Kleidung gehörte unverzichtbar zur Aussteuer von jungen Frauen, die heiraten wollten.

Das wohl größte Problem für die Bauern bestand darin, genügend Futter für das Vieh zu beschaffen. Daher war es tägliche Aufgabe der Kinder, Kühe an Wegesrändern, auf den Weiden, auf der Allmende und am Waldrand zu hüten. Kinderarbeit war selbstverständlich. Nach der Einführung der Schulpflicht in Preußen 1825 standen diese Arbeitskräfte nur noch eingeschränkt zur Verfügung. Deshalb gab es noch lange immer wieder Widerstände der Bevölkerung, ihre Kinder zur Schule zu schicken. Neben Rindvieh waren noch bis ins 19. Jahrhundert hinein zahlreiche Schafe im Ort gehalten worden. Aus dieser Zeit wird erwähnt, dass die Schafe aller Besitzer aus dem Dorf von einem Dorfhirten zusammengeführt und auf die Weide getrieben wurden[20]. Die Schafhaltung ging aber im Laufe des 19. Jahrhunderts immer mehr zugunsten der Rindviehhaltung zurück.

Für den Winter musste genügend Heu eingefahren werden, was nur bei gutem Sommerwetter gelang. Kraftfutter oder Silo kannte man damals noch nicht, sodass jede günstige Witterung zur Heuernte ausgenutzt werden musste. Neben Heu bekam das Vieh - nicht nur die Hausschweine, sondern auch die Milchkühe - gekochte Kartoffeln und Rüben zu fressen[21]. Das Bereiten des Viehkessels war meist Aufgabe der weiblichen Familienangehörigen bzw. der Mägde. So gehörte es noch 1921 zu den Aufgaben von Helene Harzheim, der Haushaltshilfe des Lehrers Heimbach aus Wollseifen, der neben der Lehrerstelle noch einen größeren Hof bewirtschaftete, im Winter mehrmals in der Woche den Viehkessel zu füllen und zu reinigen sowie zu melken[22].

Im Sommer wurden alle Familienangehörigen, solange sie kräftig genug waren, zur Ernte eingespannt. Denn Landwirtschaft bedeutete Handarbeit. Modernere Maschinen wie Traktoren, Mähbinder oder Heuwender kamen meist erst nach dem Ersten Weltkrieg im Dorf auf. Gemäht wurden Wiesenflächen, die sich überwiegend etwas weiter ab vom Ort in den Bachtälern befanden. Auch im Urfttal gab es vor dem Bau der Urfttalsperre Mähwiesen. Das Gras musste zum Teil mit der Hand gewendet und nach dem Antrocknen „gebockt“, das heißt auf Gestellen

Abb. 19: Bauernpaar beim „Bocken" des Heus auf einer Wiese bei Wollseifen, 1930er Jahre

Abb. 20: Kaffeepause auf einer Wiese bei Wollseifen, 1930er Jahre; im Hintergrund stehen Pferde mit einer Mähmaschine

zum Nachtrocknen aufgesetzt werden. Auch die Felder wurden überwiegend in Handarbeit bestellt und von Unkraut frei gehalten. Die Feldarbeiten begannen in der Regel später als heute. In den Lohnaufzeichnungen des Lehrers Heimbach finden sich dazu für das Jahr 1921 konkrete Daten. Seine Magd musste zusammen mit seinem Sohn Mitte April den Kartoffelacker vorbereiten, Kunstdünger streuen und den Garten graben. Anfang Mai begann sie, Mist auf dem Acker zu verteilen und danach die Saatkartoffeln zu setzen. Anfang und Mitte Mai wurden auch die Wiesen und Felder „gereinigt", das heißt wahrscheinlich Unkrautaufwuchs mit der Sense gemäht bzw. mit der Hacke bearbeitet. Im Juni mussten die Kartoffeln von Unkraut befreit werden.

Jetzt war auch die wichtigste Zeit im Garten: Jungpflanzen wurden gesetzt und immer wieder wurde Mist ausgebracht. In der zweiten Julihälfte begann die Heuernte. Aufgaben der Magd waren in dieser Zeit: „Gras gespreitet", das heißt mit dem Rechen das gemähte Gras zum Trocknen auseinander zu legen, „Heu gewendet und gehoppt", das heißt täglich das angetrocknete Gras zu wenden und anschließend für die Nacht auf Haufen zu rechen, damit der Tau nicht so stark eindringen konnte. Am nächsten Tag hieß es wieder Heu wenden und irgendwann auch einbringen[23]. Mitte August begann die Getreideernte. Im Tagelöhnerheft erscheint die Notiz: „Korn gebunden". Das bedeutet, dass die Magd nach dem Schnitt des Getreides dieses zum Trocknen auf dem Feld zu Garben gebunden und aufgestellt hat. Im Laufe des August wurden immer wieder Kartoffeln für den Direktverbrauch vom Feld geholt, um schließlich im September die Haupternte einzubringen und einzulagern[24].

Wie bei der Heuernte war auch zum Einbringen der Getreideernte trockenes Wetter notwendig. „Fahr"-Kühe oder Ochsen zogen bei ärmeren Leuten die Erntewagen, sie trugen daher ebenso wie Pferde Hufeisen (Hufschuhe). Diese Tiere wurden auch für andere Feldarbeiten eingesetzt, z.B. zum Pflügen, Eggen usw. Eine der letzten Getreidearten, die geerntet und in die Scheune gebracht wurden, war der Hafer. Peter Heimbach vermerkt in seinem Notizbuch das Binden von Hafer für den 29. September[25]. Nach dem Trocknen konnte dieser wahrscheinlich dann Anfang Oktober eingebracht werden. Das Getreide wurde noch im 19. Jahrhundert auf den Höfen in Handarbeit gedroschen und zum Mahlen zu Mühlen gefahren. Damals fuhren die Landwirte den Roggen vor allem zur Pletsch- und zur Sauermühle. Die letztgenannte lag im Sauerbachtal unweit der Heilsteinquelle, einer kohlensäurehaltigen Mineralquelle, die bereits in der Römerzeit bekannt war. Das Wasser wurde gerne im Haushalt als Treibmittel zum Backen verwendet.

Abb. 21: Ochse mit Mähmaschine auf einer Wiese bei Wollseifen, 1930er Jahre

Für die Wintermonate sind im Notizbuch des Peter Heimbach meist nur Arbeiten im Haus und im Stall vermerkt, wie das Viehfutter parat machen, Wasser holen, melken usw. Allerdings standen noch bis November Kohlrabi auf dem Feld, die als Viehfutter dienten und dann ausgemacht wurden.

Abb. 22: Offenlandflächen mit Ginster im heutigen Nationalpark Eifel nahe Wollseifen – früher „Ödland“ genannt

„Schäel maache“

2.1.1 Die Nutzung von „Ödland“

Wandert man heute von Vogelsang in Richtung Wollseifen, so sieht man über weite Strecken Flächen, die mit Ginster, Weißdorn, Hundsrose und anderen Sträuchern bewachsen sind. Noch zur preußischen Zeit wurden solche Ländereien „Ödland“ genannt. Meist waren sie etwas weiter vom Dorf entfernt, dennoch in der Wirtschaftsweise der ländlichen Bevölkerung von hoher Bedeutung. Es handelte sich noch im 18. und 19. Jahrhundert um Ländereien, die überwiegend in Gemeindebesitz waren. Sie dienten nicht nur als Viehweide, wo Schafe und Kühe hineingetrieben wurden, sondern auch als extensives Ackerland, das nur alle 10 bis 15 Jahre unter den Pflug kam. Dieses in der preußischen Amtssprache als „Schiffelland“ bezeichnete Gelände wurde alle paar Jahre an die Landwirte zur Nutzung verlost.

Zunächst bearbeiteten die Bauern die Parzelle, auf der Heide, Ginster und Gebüsch wuchs, per Hand: Das Gebüsch musste gerodet und die Grasschicht mitsamt Wurzeln mit der Hacke abschält werden. In der Mundart hieß das „Schäel maache". Die Rasenstücke wurden zu kleinen runden Türmchen zum Trocknen aufgestellt und im Herbst zusammen mit dem getrockneten Gestrüpp in mehreren Feuerstellen auf der Parzelle verbrannt. Die Asche verstreuten die Bauern als Dünger gleichmäßig auf der Fläche. Darin säten sie Winterroggen und gruben das Ganze zusammen mit der Asche vermischt mit der Hacke um. Im darauf folgenden Jahr wuchs darauf bester, unkrautfreier Roggen, der sich nicht nur besonders gut als Saatgetreide eignete. Durch den hohen Kohlenstoffgehalt des Bodens hatte der Roggen zudem kräftige lange Halme ausgebildet. Dieses Roggenstroh eignete sich vorzüglich zur Dacheindeckung der Häuser[26]. Auf das Schiffelland, das ansonsten nicht weiter gedüngt wurde, konnten die Bauern anschließend noch ein bis zwei Jahre Hafer und Buchweizen einsäen. Dann war die Fruchtbarkeit des Bodens verbraucht. Er wurde wieder zehn bis 15 Jahre brach liegen gelassen, wobei sich erneut Ginster, Heidekraut sowie andere Sträucher ansiedelten. Hier trieben die Dorfbewohner das Vieh hinein.

Solche „Ödlandflächen" hatten wahrscheinlich um 1800 in der Eifel ihre größte Verbreitung, als die Eifelwälder zum großen Teil für die Holzkohleherstellung gerodet und in solche Flächen umgewandelt worden waren. Im späten Frühjahr leuchteten die Hänge goldgelb durch die Ginsterblühte, weshalb der Besenginster bis heute auch als „Eifelgold" bezeichnet wird. Rund um Wollseifen kann man im Mai immer noch die Ginsterblüte miterleben.

Abb. 23: Blühender Ginster im Nationalpark Eifel

Hauptgrund für die Existenz dieser Bewirtschaftungsart war der Mangel an Dünger. Kunstdünger kam erst um 1900 ins Dorf. In seinem Notizbuch von 1922 vermerkt der Lehrer Heimbach, dass Kunstdünger im November ausgebracht wurde[27]. Vorher konnte man nur nahe am Dorf liegende Felder und Äcker mit Mist versorgen. Der erste Dünger, der im Handel erhältlich war, wurde „Guano" genannt, getrockneter Vogeldung aus Südamerika, der für die meisten Landwirte unerschwinglich war[28].

Auf dem Holz-weg sein...

2.1.2 Arbeiten im Wald

Der Waldreichtum der Nordeifel war für die hier lebenden Menschen ein großes Glück. Leider beraubten sie sich im Laufe der Jahrhunderte immer mehr dieses Reichtums, sodass die Waldflächen schrumpften bzw. zu einem Niederwald verkamen.

Sowohl Privatleute als auch die Gemeinden besaßen Waldparzellen. Holz wurde in vielfältiger Weise genutzt: zum Heizen, zum Hausbau, zur Herstellung von Gerätschaften und Möbeln und als Holzkohle für den Betrieb von Hochöfen und Schmieden der Eisenindustrie im Schleidener Tal und im Rurtal.

Abb. 24: Lohegewinnung in der Nähe von Wollseifen, 1930er Jahre

Eine besondere Bewirtschaftungsart des Waldes in der Region war die Lohegewinnung. Hierfür nutzte man vor allem Eichenwälder, die auf Südost-, Süd- und Südwesthängen der Täler wuchsen. Noch heute erkennt man auf dem Weg zwischen Vogelsang und Wollseifen durch das Neffgesbachtal Eichenparzellen, die Spuren früherer Niederwaldwirtschaft aufweisen. Dabei schälten die Bauern oder Waldarbeiter von ca. 20 bis 30 Jahre alten Eichen zunächst die Rinde, die später zerkleinert (Lohe) in Gerbereien Verwendung fand. Danach fällten sie die Stämme und verwendeten sie meist als Brennholz. Im kommenden Frühjahr schlugen aus den Wurzeln neue Triebe aus, die im Laufe der Zeit zu kleinen Bäumen heranwuchsen. Nach 20 bis 30 Jahren wiederholte sich der Vorgang. Früher so bewirtschaftete Waldparzellen kann man heute daran erkennen, dass mehrere Baumstämme aus einem Wurzelbereich herauswachsen. Wie die Fotos beweisen, widmeten sich auch Wollseifener Einwohner der Lohegewinnung.

Abb. 25: Aufschichten eines Meilers in Düttling, 2008

Auch eine andere Bewirtschaftungsform lässt sich heute noch anhand von Geländespuren in der Region erkennen: die Köhlerei. Insbesondere im Kermeter sieht man immer wieder an Hängen, meist nicht weit von einem Bachtal, flache, kreisförmige „Bodenplatten". Entfernt man vorsichtig die obersten Blatt- und Humusschichten, so stößt man schnell auf sehr dunkele Erde, die kleine Holzkohlestückchen enthält. Das ist das eindeutige Indiz dafür, dass hier früher Kohlenmeiler aufgestellt und abgebrannt wurden. Allein auf dem Kermeter sind über 1.200 Meilerplätze nachgewiesen worden[29]. Bereits im 15. und 16. Jahrhundert, als die Eisenproduktion sich im sogenannten Schleidener Tal an Urft und Olef stark entwickelte, wurde in der Nordeifel Köhlerei betrieben. Die sogenannten Reidtmeister, die Eisenproduzenten, benötigten große Mengen an Holzkohle für die Verhüttung des Metalls sowie in den zahlreichen Schmieden. Sie beauftragten Köhler, entsprechende Holzkohle zu liefern. Auf der anderen Seite wurden bereits im 16. Jahrhundert durch die Herzöge von Jülich als Grundbesitzer des Kermeterwaldes Beschränkungen der Holzentnahme verfügt, um dem Raubbau entgegen zu wirken und damit ihre Jagdmöglichkeiten zu erhalten. Berufsköhler kamen unter anderem aus Wollseifen, Dreiborn, Herhahn oder Heimbach[30]. Wie viele Personen im Laufe der Zeit tatsächlich aus Wollseifen in diesem Beruf tätig waren, ist bisher nicht bekannt.

Die Arbeit des Köhlers bestand darin, einen entsprechenden passenden Meilerplatz zu finden und zu planieren sowie in der Nähe die erforderlichen Mengen Holz schlagen, das in ca. einen Meter lange Scheite Holz gesägt und gespalten werden musste. Für gute Kohle verwenden die Köhler in der Regel Buchenholz. Nachdem das Holz über den Winter gelagert hatte, wurde es auf dem Platz zu einem halbkugelförmigen Gebilde aufgeschichtet. Im Inneren setzte man einen kleinen Schacht, über den später der Meiler entzündet werden konnte. Nach dem Aufstellen des Holzes erhielt der Meiler eine Abdeckung aus leicht feuchtem Laub und alter, verkohlter Erde. Er wurde „schwarz gemacht". Über den Schacht in der Mitte entzündete der Köhler den Meiler von oben und musste diesen zusammen mit seinem Gehilfen jetzt Tag und Nacht bewachen. Dabei wurde penibel darauf geachtet, dass das Holz im Innern des Meilers gleichmäßig verkohle, aber nicht abbrannte. Das erkannte der Köhler an der Farbe des Rauchs. Durch Einstechen bzw. Verschließen von Luftlöchern konnten die Köhler den Prozess regulieren. Je nach Menge des eingesetzten Holzes dauerte es sechs bis acht Tage, bis das gesamte Holz verkohlt war. Anschließend wurde der stark zusammengeschrumpfte Meiler auseinander genommen und abgekühlt, bevor die Kohlen in Säcke verpackt bzw. auf Wagen geladen und abtransportiert werden konnten.

Da die Köhler meist den ganzen Sommer über im Wald verbrachten, lebten sie in ganz einfachen Erdbehausungen, den Köhlerhütten, die schnell auf- und abgebaut werden konnten. Auf viele Dorfbewohner wirkte der häufig verrußte „schwarze Mann" oft unheimlich, sodass so manche (erfundenen) Geschichten über die Köhler erzählt wurden.

Abb. 26: Abbrennen eines Schaumeilers in Düttling, G. und D. Linden, 2008

„Lepper“ und andere „Löck“

2.2 Dörfliche Berufe

Wie in jedem größeren Dorf in der Eifel so gab es auch in Wollseifen Menschen, die nicht nur von der Landwirtschaft leben, sondern im Haupt- oder Nebenerwerb einen oder sogar mehrere andere Berufe ausübten. Dabei handelte es sich sowohl um Ausbildungsberufe als auch um Tätigkeiten, die manche besonders gut konnten und deshalb mit in die Dorfgemeinschaft einbrachten. Deutlich werden auch die unterschiedlichen Möglichkeiten der Berufsausübung zwischen Männern und Frauen im Dorf.

Insbesondere für junge, noch unverheiratete Frauen und Mädchen bestand nur eine sehr eingeschränkte Chance, Geld zu verdienen. Meist waren sie auf bäuerlichen Höfen als Magd angestellt. Auch der bereits erwähnte Lehrer Heimbach, dessen Frau einen landwirtschaftlichen Betrieb mit in die Ehe gebracht hatte, beschäftigte zumindest zeitweise eine weibliche Aushilfe für Arbeiten im Haus und in der Landwirtschaft. Mägde mussten häufig schwere körperliche Arbeiten verrichten wie Wäsche waschen, Futterkessel für das Vieh herrichten oder melken, doch sie verdienten nicht viel. Junge Frauen versuchten daher, möglichst eine Anstellung als Hausmädchen in der Stadt oder als Arbeiterin in einer Fabrik zu finden, was naturgemäß in ländlichen Regionen schwierig war. Sobald die Frauen heirateten, verließen sie die Dienststelle. Einer der ganz wenigen Berufe für Frauen, die eine bessere Ausbildung besaßen, war auf dem Lande der Beruf der Lehrerin. Vor allem während des Zweiten Weltkrieges, als viele Männer als Soldaten an der Front eingesetzt waren, übernahmen Lehrerinnen auf den Dörfern der Schulunterricht. Dies war übrigens auch in Wollseifen der Fall, wo „das Fräulein“ unterrichtete. Sobald diese Frauen allerdings heirateten, mussten sie ihren Beruf aufgeben. Verheiratete Frauen arbeiteten selbstverständlich im Betrieb des Mannes mit, sei es als Bäuerin, Wirtin, Verkäuferin im Lebensmittelladen usw.

Abb. 27: Junge Frau mit Heurechen auf einer Wiese; im Hintergrund Ansicht von Wollseifen, 1930er Jahre

Abb. 28: Katharina Wirtz, geboren 29. Januar 1915 in Mausbach, letzte Lehrerin der katholischen Volksschule Wollseifen, vermutlich in ihrer Wohnung am Schreibtisch

Abb. 29: Dorfschmiede von Alois May, 1940

Abb. 30: Hubert Körner (Kliene Huppert) beim Strohdecken eines Hauses in Wollseifen, 1930er Jahre

Für Männer gab es mehr Möglichkeiten, außerhalb der Landwirtschaft Geld zu verdienen, auch wenn dies im Gegensatz zur Stadt ebenfalls sehr eingeschränkt war. Gerade in der Aussaat- und Erntezeit waren Landwirte auf männliche Tagelöhner angewiesen, vor allem wenn sie keine heranwachsenden Söhne hatten. Allerdings verdienten Tagelöhner sehr wenig und besaßen kein hohes Ansehen im Dorf. Andere Personen, die ebenfalls keine besondere Wertschätzung erfuhren, waren „Lepper", Menschen, die als Schirm- oder Kesselflicker, Scherenschleifer und Hausierer von Dorf zu Dorf zogen. So berichtet Peter Körner, der der erste Vorsitzende des neu gegründeten Traditionsvereins Wollseifen wurde, aus seiner Kindheit von einem Ehepaar, das in einem einsam gelegenen Haus nicht weit von Dreiborn wohnte und als „Lepper" sein Geld verdiente. Alt und Jung hatten Angst vor diesen Leuten, da sie angeblich die „schwarze Kunst" beherrschten und anderen Krankheiten und Ungeziefer anhexen konnten[31].

Hoch angesehen waren dagegen Handwerke, die wichtig für die bäuerliche Wirtschaft waren. Dazu gehörten der Schmied, der Stellmacher oder der Schreiner. Vielfach führten sie „nur" Reparaturarbeiten durch, doch ohne sie wäre eine funktionierende Landwirtschaft gar nicht möglich gewesen. Der Schmied konnte beispielsweise nicht nur zerbrochene Gerätschaften wieder flicken, sondern er beschlug auch Pferde und sogar Kühe und Ochsen, die häufig als Zugtiere in der Landwirtschaft eingesetzt wurden. Der Stellmacher flickte beispielsweise zerbrochene Wagenräder oder -achsen, der Schreiner war zur Stelle, wenn ein Stuhlbein repariert oder eine Tür abgedichtet werden musste. Daneben gab es in Wollseifen um 1900 auch Maurer, einen Schneider oder einen Schuhmacher. In der Regel war es so, dass die Personen nicht nur einen Beruf hatten, sondern mehrere Tätigkeiten bzw. Funktionen im Dorf ausführten. Ein schönes Beispiel ist einer der letzten Strohdachdecker der Region, der „kliene Huppert", wie er im Dorf genannt wurde[32]. Er war nicht nur ein Dorforiginal, sondern auch „ein Mädchen für alles". So war er Sänger und Musiker, spielte Laientheater, war Brudermeister, d.h. er organisierte Prozessionen, betrieb eine kleine Landwirtschaft und verdiente sich im Winter noch etwas dazu mit dem Herstellen von Körben und Besen. Sein Handwerk war immer wieder gefragt, da viele Häuser im Dorf noch zu Beginn des 20. Jahrhunderts Strohdächer trugen. Die Eindeckung von neuen Häusern war zwar aus Brandschutzgründen bereits im 19. Jahrhundert verboten worden, doch durften die Hausbesitzer ihre alten Dächer flicken. Das war meist nach 20 bis spätestens 30 Jahren der Fall. Man verwendete dafür das feste und langhalmige Roggenstroh, das auf dem Schiffelland (siehe dazu Seite 31) geerntet wurde. Heute ist ein solches Stroh nicht mehr zu bekommen, da die modernen Roggensorten auf Kurzhalmigkeit gezüchtet und maschinell geerntet werden, d.h. meist schon bei der Ernte die Halme gebrochen werden. Deshalb bestehen die heute sehr seltenen „Weichdächer", die man gelegentlich in der Eifel noch sieht, aus Reet, d.h. Schilfrohr.

Weitere Handwerke, die beim Hausbau zum Einsatz kamen, waren neben den Maurern die Zimmerleute. Da die Gebäude – zumindest noch im 19. Jahrhundert – überwiegend als Fachwerkbauten errichtet wurden, bestand die Aufgabe eines Zimmermanns nicht nur darin, einen Dachstuhl aufzusetzen, sondern das gesamte Fachwerkgerüst zu fertigen und dann an Ort und Stelle aufzurichten. Das benötigte Eichenholz kam aus den umliegenden Wäldern.

Für das dörfliche soziale Leben waren Gastwirtschaften von großer Bedeutung, von denen es nach 1900 mehrere in Wollseifen gab. Hier trafen sich die Männer am späten Sonntagvormittag nach dem Kirchgang zum Frühschoppen, während die Frauen zuhause das Mittagessen vorbereiteten. Es wurde Karten gespielt und man tauschte Neuigkeiten aus. Besonders gut über die Dorfgeschehnisse musste wohl – neben dem Pastor, der die Beichte abnahm – der Wirt Peter Thönnessen informiert gewesen sein, der Mitte des 19. Jahrhunderts außer einer Gastwirtschaft auch ein Gemischtwarengeschäft betrieb und zugleich der Postmeister des Ortes war[33].

Abb. 31: Gesellschaft auf der Straße vor dem Gasthaus „Zur Talsperre" von Franz May, 1927

→

Abb. 32: Gruppe von Junggesellen, möglicherweise zur Kirmes, 1925

„Höötjonge“ und „Hahnenköneck“

Abb. 33: Fußballmannschaft Schwarz-Gold Wollseifen, 1925

2.3 Vereinswesen

Wie in jedem größeren Dorf der Eifel war auch in Wollseifen das Vereinswesen seit dem 19. Jahrhundert stark ausgeprägt. Vereine festigten die dörfliche Gemeinschaft, gestalteten die Freizeit, organisierten Feste und Feiern und boten den Einwohnerinnen bzw. Einwohnern Möglichkeiten, je nach Neigung sich zu engagieren, z.B. in Sport- und Musikvereinen.

Die Ursprünge mancher Vereine lagen weit zurück, viele Vereine wurden aber erst Ende des 19. und zu Beginn des 20. Jahrhunderts gegründet. Eine der ältesten Vereinigungen – es war zumindest kein eingetragener Verein mit festen Statuten – war der sogenannte Jünglingsverein, im Dorf „das Gelooch" genannt[34]. Jeder junge Mann, der das 18. Lebensjahr vollendet hatte, wurde automatisch Mitglied. Spätestens mit der Heirat endete die Zugehörigkeit. Dabei brauchte er keinen Mitgliedsbeitrag zu bezahlen, sondern machte bei der Organisation der Kirmes mit. Der „Verein" besaß auch eine eigene Fahne, die bei der Kirmes bzw. bei Prozessionen mitgeführt wurde. Im Mai jeden Jahres wurden von den jungen Männern drei „Höötjonge" gewählt, einer auf zwei Jahre, der im Jahr darauf erneut die Wahl zu organisieren hatte. Er wählte ein Höötmädchen, das mit ihm während der Kirmes tanzen musste. Weigerte es sich, durfte kein anderer Mann während der Kirmes mit ihm tanzen. Aufgabe der Höötjonge war es, die Tanzkapelle für die Kirmes zu organisieren, Eintritts- und Tanzgroschen für die Bezahlung der Musik und des Saales einzutreiben und für „Sitte und Ordnung" während der Feier zu sorgen. Sie spielten beim „Ausgraben" und Beenden der Kirmes eine wichtige Rolle. Während der Kirmes, die mehrere Tage dauerte, erfolgte auch das „Hahnenköppe", bei dem der „Hahnenköneck", der Hahnenkönig, gekürt wurde. Dabei steckte man einen toten Hahn in einen Korb, der im Boden ein Loch besaß. Der Kopf des Hahns wurde durchzogen, und die beteiligten Männer mussten mit verbundenen Augen und einem Säbel bewaffnet versuchen, den Kopf abzuschlagen. Das „Hahnenköppe" war in den Dörfern des gesamten Rheinlands bekannt und wird bis heute – allerdings mit einem künstlichen Hahn – in manchen Orten durchgeführt.

Abb. 34: Karnevalsumzug mit dem Prinzenwagen in Wollseifen, vermutlich 1930er Jahre

Für die dörflichen Feste besonders wichtig waren Musik- und Gesangsvereine. Der Musikverein in Wollseifen wurde 1905 gegründet und spielte nicht nur zur Kirmes auf, sondern war auch bei kirchlichen und weltlichen Festen aktiv. Finanziell schwierig erwies sich zunächst die Anschaffung der teuren Musikinstrumente. Sie wurde vom Pastor unterstützt. Außerdem musste ein Lehrer für den Musikunterricht gefunden werden. Schließlich führte ihn ein Mitglied der Musikkapelle Olef durch. Auch aus Nachbarorten traten Vereinsmitglieder ein.

Abb. 35: Wallfahrt der Wollseifener Pfarrei nach Barweiler beim Durchzug durch Kall, 1930er Jahre

Daneben gab es in Wollseifen sowohl einen weltlichen als auch kirchlichen Gesangsverein. Die Gründung des kirchlichen Pfarr-Cäcilien-Vereins erfolgte 1895 auf Initiative des Pfarrers Löchte, der auch den Verein dirigierte. Es handelte sich um einen Männergesangsverein, obwohl auch Frauen als „Ehrenmitglieder" dabei waren. Nicht nur bei Gottesdiensten, sondern auch bei Prozessionen und kirchlichen Festen traten die Mitglieder auf. In der Zeit des Nationalsozialismus hatten es kirchliche Vereine schwer bzw. mussten immer wieder fürchten, aufgelöst zu werden. Deshalb beschloss man 1938, das Sparkonto des Vereins aufzulösen und das Geld „in Sicherheit" zu bringen[35].

Der weltliche Gesangsverein wurde 1914 gegründet und hatte zahlreiche Mitglieder unter den Wollseifenern. Man fuhr zu Gesangswettbewerben und führte auch Theaterstücke auf. Wichtig war die Beteiligung des Gesangsvereins bei privaten Festen wie Hochzeitsfeiern oder Jubiläen. Der Verein besaß auch eine Vereinsfahne, die bei feierlichen Anlässen mitgeführt wurde, z.B. auch in Prozessionen. Während des Krieges 1945 wurde die Fahne durch amerikanische Soldaten entwendet. Erst etliche Jahre später, durch intensive Recherche eines Vereinsmitglieds, fand sich das Objekt in einem Privathaus in Erpel südlich von Bad Honnef, wohin die Amerikaner die Fahne mitgenommen und als Tischdecke benutzt hatten. Nach 18 Jahren kehrte sie wieder unter großer Anteilnahme ehemaliger Wollseifener zum damaligen Traditionsverein wieder zurück.

Vor dem Zweiten Weltkrieg gab es daneben noch einen Theaterverein, eine Ortsgruppe des Eifelvereins sowie einen Sportverein.

Abb. 36: Fahne des Kirchenchors St. Cäcilia Wollseifen von 1905 →

Kirchenchor
Cantate
1905

„1. Jahr: Der Schüler im gewöhnlichen Leben. Sachunterricht“

(Eintrag im Stoffverteilungsplan des Lehrers Heimbach für die „Fortbildungsschule zu Wollseifen“)

← *Abb. 37: Schülerin in der Schulbank der Volksschule Wollseifen, 1930er Jahre*

Abb. 38: Kühe hütender Junge am „Bischofsblick" oberhalb des Urftsees, um 1930

2.4 Kinderleben und Schule

Eine ausgedehnte Kindheit, wie wir sie heute in Mitteleuropa kennen, gab es in früheren Jahrhunderten nicht. Kinder übernahmen schon sehr früh Pflichten. Dennoch hatten Kinder mehr Zeit zum selbstbestimmten, unbeaufsichtigten Spielen. Überall gab es Ansprechpersonen, auch wenn die Eltern kaum Zeit für das einzelne Kind hatten. Meist wuchsen die Kinder mit vielen Geschwistern auf, Onkel und Tanten oder die Großeltern wohnten mit auf dem Hof oder in der Nachbarschaft. Die Kinder hatten in der Regel viel Zeit ohne ständige Kontrolle durch Erwachsene, sie mussten sich selbst beschäftigen und fanden in der Nachbarschaft sofort zahlreiche Spielgefährtinnen und -gefährten. Eigenes Spielzeug gab es wenig, da war Phantasie gefragt, um aus Stroh oder Wolle Püppchen zu basteln oder aus Stöcken ein Wasserrad zu fertigen. Dennoch blieb nicht viel Zeit zum Spielen. Bereits mit fünf oder sechs Jahren wurden Kinder schon in häusliche Pflichten eingebunden, mussten sich z.B. um die Fütterung von Hühnern kümmern oder im Garten mithelfen. Schulkinder hatten meist am Nachmittag die Aufgabe, Kühe zu hüten, was durchaus sehr langweilig sein konnte. Spätestens in der Erntezeit wurden alle Hände gebraucht. Und noch et-

Abb. 39: Drei Kinder am „Bischofsblick" am Fahrweg Richtung Wollseifener Bucht, 1930er Jahre.

was war früher „normal": Kinder wurden geschlagen. Nicht nur zuhause konnte es immer wieder Ohrfeigen geben, sondern auch in der Schule wurden Jungen geohrfeigt. Mädchen bekamen bei Vergehen vom Lehrer mit dem Zeigestock Schläge auf die Finger. Das wird in der Schule von Wollseifen nicht anders gewesen sein wie überall anderswo auch.

Wann die erste Schule in Wollseifen eingerichtet worden ist, ist bisher nicht bekannt. Eine achtjährige Schulpflicht gab es im preußischen Rheinland seit 1824. 1859 existierten in allen Bezirken des damaligen Kreises Schleiden Primarschulen[36]. Daher ist anzunehmen, dass schon in der ersten Hälfte des 19. Jahrhunderts auch in Wollseifen ein Raum für den Unterricht von Kindern zur Verfügung stand. Laut Aussagen alter Wollseifenerinnen und Wollseifener befand

Abb. 40: Klassenfoto der Volksschule Wollseifen mit Lehrer Peter Heimbach (links), 1920er Jahre, im Hintergrund die Kirche

Abb. 41: Pfarrhaus (rechts) und Schule von Wollseifen, 1920er Jahre

Abb. 42: Foto eines Klassenraums mit Schülerinnen und Schülern in der Wollseifener Schule vor dem Zweiten Weltkrieg

Abb. 43: Wollseifener Kinder vor der Schule mit Säcken voller Kräuter, 1940er Jahre

sich der erste Unterrichtsraum in einem Wohnhaus in der Nähe der Kirche, in das nach dem Bau des späteren regulären Schulgebäudes ein Konsum einzog, der später von Wilhelm Sistig übernommen und ausgebaut wurde. Meist teilten sich der Pfarrer und ein Lehrer (in der Regel unterrichteten Männer) die Aufgabe, den Kindern die Grundlagen von Lesen, Schreiben, Rechnen und Religion beizubringen. Sie waren hoch angesehen und wurden als Respektpersonen behandelt, verdienten in der Regel aber nur wenig Geld.

Über die Schule in Wollseifen, zumindest zu Beginn des 20. Jahrhunderts, gibt es einige Informationen durch die Aufzeichnungen des damaligen Lehrers Heimbach. Die Schule war ein typischer preußischer Schulbau und ist heute eines der wenigen, teilweise erhaltenen historischen Gebäude von Wollseifen. Wandernde, die aus Richtung Walberhof kommen und den oberen Weg Richtung Kirche wählen, gehen an ihr vorbei. Der Schulbau, dessen Erdgeschoss heute noch existiert, wurde in den 1860er Jahren errichtet. Es handelte sich um einen zweigeschossigen, verputzten Bruchsteinbau. Unten befanden sich zwei Klassenräume, oben eine Lehrerwohnung. Nach der „Allgemeinen Bestimmung" für Volksschulen von 1872 sollte pro Klassenraum nicht mehr als 80 Schülerinnen und Schüler unterrichtet werden, ab mehr als 120 Kindern sollte ein dritter Klassenraum eingerichtet werden. Es ist also davon auszugehen, dass man beim Bau der zweiklassigen Volksschule in Wollseifen nicht mit mehr Kindern gerechnet hatte. Wenn Besucherinnen und Besucher heute einen dieser Räume betreten, so können sie sich wahrscheinlich schwer vorstellen, dass pro Raum hier mehr als 50 Kinder Platz gefunden hätten[37]. Dabei mussten der Lehrer bzw. die Lehrerin in einem Raum mehrere Schuljahre gleichzeitig unterrichten, bei zwei Räumen werden es wahrscheinlich in einem Raum die Schuljahre eins bis vier, im anderen fünf bis acht gewesen sein. Auf einem Foto eines Klassenraums in Wollseifen mit den Geburtsjahrgängen 1922 bis 1927 erkennt man über 40 Schülerinnen und Schüler dicht gedrängt auf ihren Schulbänken sitzen. Die Schule besaß außerdem einen Keller sowie einen Schulgarten, der in den Notizen des Lehrers Heimbach auftaucht[38]. Dieser diente nicht nur dem praktischen Unterricht, sondern wurde vom Lehrer Heimbach genutzt, um Gemüse und Kartoffeln für den Eigenbedarf anzubauen.

Über den Unterrichtsstoff sind wir aus den Unterlagen des Nachlasses von Peter Heimbach gut unterrichtet. Er war von 1901 bis 1935 in der Wollseifener Schule tätig, wurde aber während des Krieges noch kurze Zeit aushilfsweise als Lehrer in Wollseifen beschäftigt. 1915 hatte er Hubertine Breuer aus Wollseifen geheiratet, die einen größeren landwirtschaftlichen Betrieb von 10 Hektar mit in die Ehe brachte. Peter Heimbach blieb aber weiterhin Lehrer und verpachtete zunächst den größten Teil des Landes, bis einer der Söhne den Hof übernahm.

Im sogenannten „Stoffverteilungsplan" der damals noch einklassigen Volksschule zu Wollseifen aus dem Jahr 1903[39] sind die einzelnen Unterrichtsthemen aufgeschrieben. Neben Lesen, Schreiben und Rechnen wurden in sehr praktischer Weise auch Natur- und Heimatkunde unterrichtet. So hat der Lehrer Heimbach im Lehrplan „Wie nützen uns die Vögel" oder „Das Dorf Wollseifen" notiert. Im Geschichtsunterricht wurde „Kaiser Wilhelm I. als Prinz" behandelt. Außerdem stand das Fach Singen und „Turnen oder Handarbeit" auf dem Programm. Mangels einer Turnhalle wurden Übungen entweder im Klassenraum, draußen auf dem Schulhof oder im Winter auch auf der Straße ausgeübt. So ist beispielsweise „Armschwingen, beugen und strecken" erwähnt. Im Winter war auch Schlittenfahren auf abschüssigen Dorfstraßen angesagt.

Abb. 44: Schulkinder vor dem Zweiten Weltkrieg beim Schulsport: Schlittenfahren. Links die Schule in Wollseifen

Neben der normalen Volksschule scheint es in Wollseifen, zumindest vor dem Zweiten Weltkrieg, eine sogenannte „Fortbildungsschule" gegeben zu haben, eine Art berufsbegleitende Schule, die die Volksschulkenntnisse vertiefen sollte. Der Lehrplan des Lehrers Heimbach ist dazu erhalten[40]. Der Unterricht wurde sehr lebensnah gestaltet. Auf dem Stundenplan stand z.B. „Wie schütze ich mich gegen gesundheitliche Gefahren in meinem Berufe", „die wichtigsten Baustoffe", „Löhne, Prozentrechnung bei ihrer Veränderung" oder „Vom Kienspan zum elekt. Lichte". Staatsbürgerliche Pflichten wurden ebenso behandelt wie Kenntnisse über die Landschaft und die nähere Umgebung des Dorfes. Auf einem undatierten Foto, das wahrscheinlich während des Zweiten Krieges entstanden ist, sind Kinder vor der Schule in Wollseifen zu sehen, die Kräuter gesammelt haben. Ältere Wollseifener können sich noch erinnern, dass während des Krieges solche Sammlungen durchgeführt wurden, um damit die Versorgung der Truppen an der Front sicherzustellen. Auch das gehörte mit zum Schulunterricht.

Mit der erzwungenen Aufgabe des Ortes 1946 wurde das Schulgebäude im Rahmen von militärischen Übungen genutzt und teilweise zerstört. So ist das Obergeschoss komplett abgetragen worden. Heute ist in der Schule eine kleine Ausstellung zur Ortsgeschichte zu sehen, die jederzeit für die Besucherinnen und Besucher offen steht.

Abb. 45: Spielende Kinder auf dem Schulhof, 1940

Abb. 46: Die ehemalige Schule, 2019

Abb. 47: Die aktuelle Ausstellung zur Dorfgeschichte in der ehemaligen Schule

Von Hexen und Kellerbergsmännchen

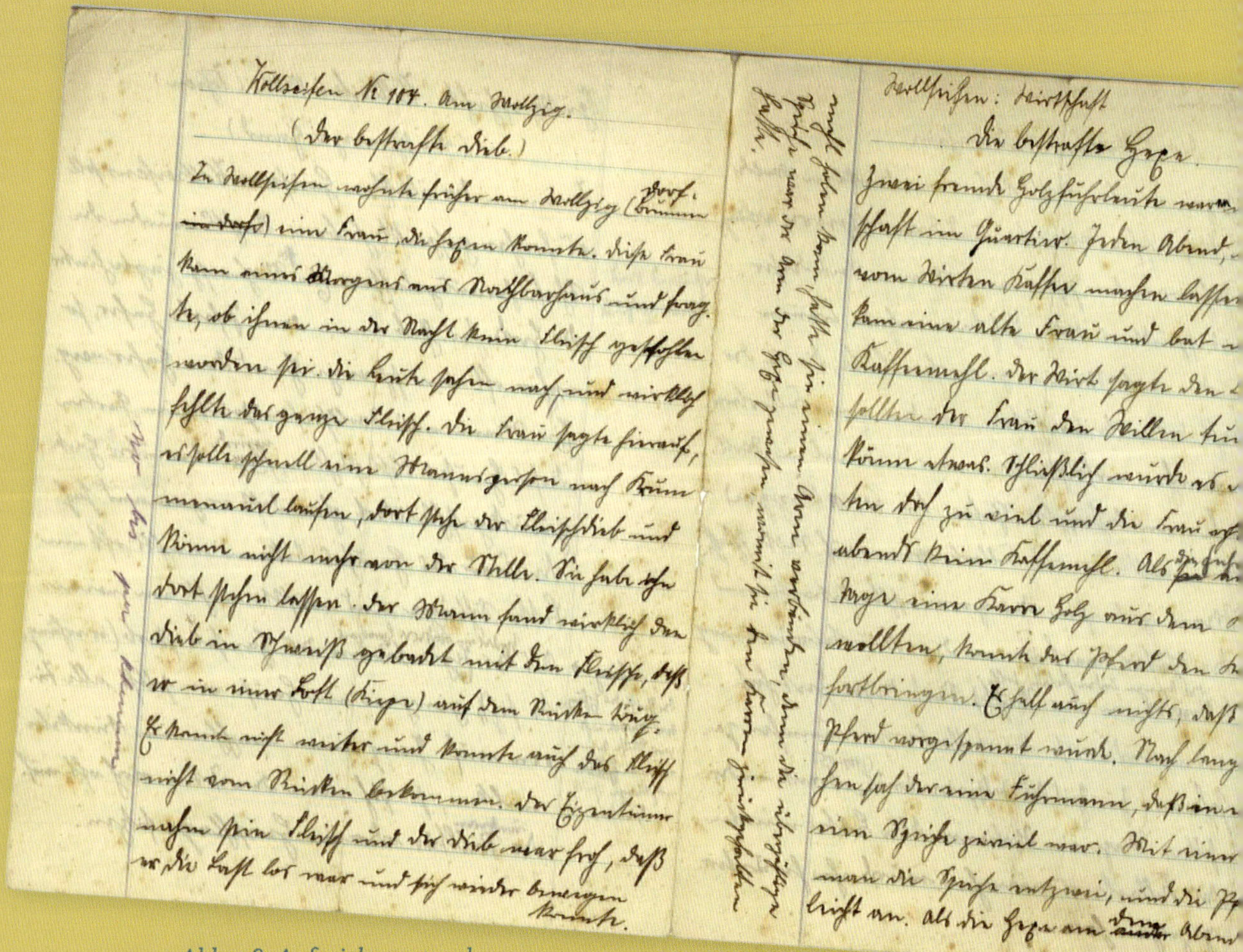

Abb. 48: Aufzeichnungen des Lehrers Heimbach von Wollseifener Geschichten

2.5 Alte Dorferzählungen

Jede Region hatte früher ihre eigenen Geschichten, die meist mündlich in den Familien von Generation zu Generation weitergegeben wurden. Auch in der Eifel war dies der Fall. Abends, wenn die Familie nach dem Essen beisammensaß, – die Frauen waren meist noch mit Handarbeit und Ausbessern der Wäsche beschäftigt –, erzählte man sich die neuesten Begebenheiten oder Geschichten. Oft hatten diese Erzählungen einen moralischen Aspekt, damit die Kinder schon früh lernten, dass man nicht stehlen oder lügen sollte. Mit dem Aufkommen von technischen Unterhaltungsmitteln wie dem Radio und später dem Fernsehen sind solche mündlichen Geschichten weitgehend verschwunden, teilweise noch bevor sich jemand ihrer annahm und sie aufschrieb. Glücklicherweise haben sich einige lokale Erzählungen aus Wollseifen erhalten. Zu verdanken ist dies wiederum dem Lehrer Heimbach, der um 1911 einige von ihnen notierte[41]. Sie sollen hier wiedergeben werden:

„[...] Am Wollzig (Der bestrafte Dieb)

In Wollseifen wohnte früher am Wollzig (Dorfbrunnen) eine Frau, die hexen konnte. Diese Frau kam eines Morgens ins Nachbarhaus und fragte, ob ihnen in der Nacht kein Fleisch gestohlen worden sei. Die Leute sahen nach, und wirklich fehlte das ganze Fleisch. Die Frau sagte hierauf, es solle schnell eine Mannsperson nach Krummenauel laufen, dort stehe der Fleischdieb und könne nicht mehr von der Stelle. Sie habe ihn dort stehen lassen. Der Mann fand wirklich den Dieb in Schweiß gebadet mit dem Fleische, daß er in einer Last (Kiepe) auf dem Rücken trug. Er konnte nicht weiter und konnte auch das Fleisch nicht vom Rücken bekommen. Der Eigentümer nahm sein Fleisch und der Dieb war froh, daß er die Last los war und daß er sich wieder bewegen konnte."

„[...] Die bestrafte Hexe

Zwei fremde Holzfuhrleute waren in einer Wirtschaft im Quartier. Jeden Abend, wenn sie sich vom Wirten Kaffee machen lassen wollten, kam eine alte Frau und bat um das Kaffeemehl. Der Wirt sagte den Leuten, sie sollten der Frau den Willen tun, denn die könne etwas. Schließlich wurde es den Fuhrleute doch zu viel und die Frau erhielt eines Abends kein Kaffeemehl. Als die Fuhrleute am andern Tage eine Karre Holz aus dem Wald fahren wollten, konnte das Pferd den Karren nicht fortbringen. Es half auch nichts, daß das zweite Pferd vorgespannt wurde. Nach langem bemühen sah der eine Fuhrmann, daß in einem Rad eine Speiche zuviel war. Mit einer Axt schlug man die Speiche entzwei, und die Pferde zogen leicht an. Als die Hexe an dem Abend ihr Kaffeemehl holen kam, hatte sie einen Arm verbunden, denn die überzählige Speiche war der Arm der Hexe gewesen, womit sie den Karren zurückgehalten hatte."

„[...] Das Kellerbergsmännchen

Im sogenannten Kellerloch, einer dunklen Waldesschlucht zwischen Wollseifen und der Talsperre, erhängte sich vor vielen Jahren ein Mann. Seit dieser Zeit spukt es dort. Holzsammelnde Frauen wurden mit Steinen geworfen. Leute, die in der Nacht dort vorbeimußten, wurden vom Kellerbergsmännchen verfolgt. Nun war einmal in Wollseifen ein beherzter Schäfer. Für 100 Pfund (Roggen) Korn wollte er das Kellerbergsm. auf Seite schaffen. Man gab ihm das gewünschte Getreide, und der Schäfer warf ihn in die Kourtebonnswoog (Strudel in der Urft, der keinen Boden haben soll). Seit dieser Zeit hat niemand mehr das Kellerbergsmännchen gesehen. (Zur Zeit des Talsperrenbaues (1901–1905) ertrank in derselben Woge ein Italiener. Alte Leute meinten, das Kellerbergsmännchen würde ihn herunter gezogen haben.)"

„Spukgeschichte [...] (die schwarze Hand)

In einem der ältesten Häuser Wollseifens soll es früher gespukt haben. Nachts wurden die Schafe herausgelassen. Ein Strohwisch [Bündel Stroh, das an einer ca. 1 m hohen Latte oder einem Holzstock befestigt ist. Er dient zur Kennzeichnung von Flächen, die nicht durch Herden von Wanderschäfern betreten werden dürfen] jagte hinter der Herde her. Gab man dem Pferd Hafer, so nahm oft eine schwarze Hand den Hafer weg. Ein Mann aus Wollseifen wollte im Garten dieses Hauses Obst stehlen, wurde aber über die Hecke zurückgeschleudert, ohne daß er jemand sah. Die Frau des Hauses bekam nachts oft im Bette Schläge und wußte nicht, von wem. Als später ein anderer Eigentümer des Hauses starb (er erhängte sich), gingen im Hause von selbst alle Türen auf. Ging man nachher im Dunkeln melken, so sah man den Toten auch oft auf der unteren Stalltür oder im Heuschlage sitzen."

Abb. 49: Zwei Wollseifener Schüler beim Soldatspielen; links Fritz Sistig, rechts Siegfried Klaßen, 1940er Jahre

Faszination und Schrecken

3. Moderne Zeiten

Das nun folgende halbe Jahrhundert (1900 bis 1945) brachte für Wollseifen große Umbrüche, die die Bevölkerung zwischen Faszination und Schrecken schwanken ließen. Bereits Ende des 19. Jahrhunderts kündigten sich gravierende Veränderungen in der Region an. Sie betrafen nicht nur technische Neuerungen und damit auch die Umwälzung der regionalen Wirtschaft, sondern hatten auch starke Auswirkungen auf das Zusammenleben der Bevölkerung. Die Jahrhunderte alten dörflichen Strukturen sowie der Blick, der über die eigenen Dorfgrenzen kaum hinausreichte, begannen sich innerhalb nur weniger Jahrzehnte völlig zu ändern. In Wollseifen sollten diese „modernen Zeiten" schließlich in der Katastrophe des Untergangs des Dorfes enden.

Abb. 50: Kolorierte Ansichtspostkarte von Wollseifen und der Urftstaumauer, um 1905

Die erste größere Veränderung war die Erschließung der Region durch die Eisenbahn. Bereits 1867 war der ca. 15 km von Wollseifen entfernte Ort Kall an das Eisenbahnnetz angeschlossen worden. 1884 wurde dann die Olefbahn fertiggestellt, an der auch Gemünd und Schleiden lagen. Damit waren ein schnellerer Güter- und Warenverkehr sowie die Anbindung an die Städte am Rhein gegeben. Neue Geschäfte eröffneten, so z.B. die Großwarenhandlung Firma Drügg in Gemünd. In Wollseifen gründete sich eine Konsumgenossenschaft, die ab 1893 einen Konsum betrieb, der von dieser Firma beliefert wurde. Daneben eröffneten weitere Privatleute Läden in Wollseifen[42]. Neue Produkte kamen in die Dörfer und auch Bestellungen konnten schneller aufgegeben werden. Doch der Bau der Olefbahn sollte nur 15 Jahre später eine viel größere Veränderung unterstützen.

Abb. 51: „Einkaufhaus" von Wilhelm Sistig, um 1938

→

Abb. 52: Die Urftstaumauer in den 1930er Jahren

„Der gefesselte Bach, verwandelt in Kraft…“[43]

3.1 Der Bau der Urfttalsperre

Schon einige Jahre vor Baubeginn der Urfttalsperre waren im Urfttal Personen aufgefallen, die mit Karten und Messstäben ausgestattet das Tal erkundeten. Der Aachener Prof. Otto Inze, der die erste, 1891 gebaute Talsperre im modernen Sinne in Remscheid konstruiert hatte, machte nun Baupläne für eine der größten und modernsten Talsperren Europas im Urfttal. Die Gefahr von gefährlichem Hochwasser sollte endlich gebannt und das Bauwerk durch den Verkauf von elektrischer Energie bezahlt werden. Träger des Vorhabens war die 1899 gegründete „Rurthalsperrengesellschaft", an der verschiedene Landkreise und die Stadt Aachen beteiligt waren. Im gleichen Jahr, nämlich 1899, begannen die Arbeiten mit dem Bau einer 12 km langen Stichbahn vom Bahnhof Gemünd zur Baustelle der Staumauer. Von hier wurde später das gesamte Baumaterial herangeschafft. Der eigentliche Baubeginn startete 1900 mit dem Sprengen und Abtragen des felsigen Gesteins an den späteren Flanken der Staumauer. Die Grundsteinlegung erfolgte am 20. Juli 1901. Als die Urfttalsperre 1905 zum ersten Mal voll gestaut war und das Kraftwerk Heimbach seinen Betrieb aufnahm, war es die größte und modernste Talsperre auf dem europäischen Kontinent.

Abb. 53: Ansichtskarte der Baustelle des Urftsees mit der Baustellenbahn bei Krummenauel

Mit diesem Vorhaben sollte sich nicht nur das Landschaftsbild der Nordeifel ändern, sondern auch ein starker Impuls im Hinblick auf die regionale und überregionale Wirtschaft ausgehen. Auch das Leben der Wollseifener veränderte sich. Viele Landwirte besaßen Wiesenland an den Ufern der Urft, das Heu für den Winter lieferte. Diese Ländereien gingen nun verloren. Zudem mussten die Höfe Krummenauel und Hohbach aufgegeben werden. Auf der anderen Seite standen finanzielle Entschädigungen und der durch den Talsperrenbau verursachte wirtschaftliche Aufschwung in der Region und auch im Dorf Wollseifen. Außerdem „köderte" man die Dorfbewohnerinnen und -bewohner, indem man ihnen eine schnelle Versorgung mit elektrischer Energie in Aussicht stellte.

Abb. 54: Bauarbeiter beim Bau des Kraftwerks Heimbach. Hier treibt bis heute Urftseewasser die Turbinen an

Doch der Talsperrenbau sollte auch Auswirkungen auf das soziale Leben im Dorf haben. 1894, kurz vor dem Bau der Staumauer, hatte Wollseifen noch 421 Bewohner gehabt, wobei zur Pfarrei zusätzlich einige Einzelhöfe und Mühlen außerhalb der Ortslage gehörten sowie Teile des Ortes Morsbach, sodass in der gesamten Pfarrei 527 Personen lebten[44]. 1903 war zwar die Zahl der Einwohner bzw. Einwohnerinnen etwas gesunken, vor allem wegen des Wegfalls der Höfe im Urfttal, doch laut Pfarrchronik lebten zusätzlich 269 „Italiener" im Ort[45] sowie noch mindestens 400 bis 500 Arbeiter in Baracken an der Baustelle[46]. Pfarrer Löchte erwähnt in der Pfarrchronik für das Jahr 1902 sogar 1.050 Arbeiter an der Staumauer[47]. Auch wenn nur „Italiener" genannt werden, so handelte es sich allgemein um Personen aus Südeuropa und aus dem Balkan, wobei italienische Staatsbürger wohl den größten Anteil gehabt haben. So musste also eine große Zahl von Menschen zusätzlich im Dorf untergebracht werden. Bei den bescheidenen Wohnverhältnissen war dies nicht ganz einfach. Auf der anderen Seite sicherte es ein kleines Nebeneinkommen für die Dorfbevölkerung.

Darüber hinaus förderte dieser hohe Anteil an ausländischen Arbeitern technischen Fortschritt im Ort: Für den 7. August 1902 notiert Pfarrer Löchte in der Chronik: „Am heutigen Tage traf vom Reichspostamt u. vom Prinzen v. Arenberg, der der Reichstagsabgeordnete d. Kreises Schleiden ist, die Nachricht ein, daß am 5. Aug. 1902 die Postagentur mit Telephon genehmigt ist u. noch im Laufe d. Rechnungsjahres eingerichtet würde. [...] Von diesen meist Italienern werden alle 14 Tg. – 4000 M.[48] in d. Heimat geschickt. Das war zuviel für eine Posthilfsstelle. Die Telefonleitung von Walberhof bis zur Postagentur wurde am 23/9 1902 fertiggestellt und konnte schon am Abend das 1. Gespräch statt-

Abb. 55: Werbung mit der Talsperre in Wollseifen; Gasthaus Franz May

finden."[49] Betrieben wurde die Poststelle vom früheren Posthilfsstelleninhaber und Schreinermeister Anton Kirch aus Wollseifen, wobei der Briefstempel den Aufdruck „Wolseiffen" haben musste, der laut Notizen des Pfarrers so von der Regierung vorgeschrieben wurde. Allerdings ängstigten die „Geisterstimmen" aus dem Telefon die älteren Bewohnerinnen und Bewohner Wollseifens schon etwas, sodass „Fisantönnchen", Anton Kirch, den Hörer für sie halten musste. Kurze Zeit später gab es dann auch die ersten privaten Telefone im Ort, z.B. beim Gastwirt Franz May[50].

Auch anderweitig machte sich die hohe Zahl ausländischer Arbeiter im Dorfleben bemerkbar. So kam zu Ostern 1902 speziell ein italienischer Pater nach Wollseifen, um Gottesdienste abzuhalten. Daneben wurden in den Jahren des Talsperrenbaus auch umfangreiche Restaurierungsarbeiten an der Kirche durchgeführt. Inwieweit die Finanzierung indirekt mit dem Talsperrenbau zusammenhing, kann nicht mehr gesagt werden. Die Löhne stiegen und die Gasthäuser, Schankwirtschaften und der Konsum boomten. Und nicht zuletzt hat es auch weitergehende Kontakte zwischen Einheimischen und Italienern gegeben: Einige verliebten sich und heirateten. Auf der Liste von Familiennamen, die 1944 in Wollseifen lebten, taucht zum Beispiel die Familie Faccini auf. Die allermeisten ausländischen Arbeiter verließen allerdings die Region nach Fertigstellung der Talsperre 1905 wieder.

Und was wurde aus der versprochenen elektrischen Energie? Das Ganze sollte dann doch noch etwas dauern. Das lag nicht zuletzt an den Zuständigkeiten beim Ausbau von Ortsnetzen. Die „Rurthalsperrengesellschaft", Betreiberin des Kraftwerks Heimbach, war nur für die großen Überlandleitungen zuständig. Von diesen Leitungen aus finanzierte der damalige Kreis Schleiden den Netzausbau zu den Ortschaften. Für die Verteilung in die Haushalte waren dann die einzelnen Gemeinden selbst zuständig. In vielen Orten, so auch in Wollseifen, gründeten sich Stromgenossenschaften. Verzögerungen entstanden auch durch den Stillstand von Bauarbeiten während des Ersten Weltkriegs. In Wollseifen ging daher erst 1923 eine Stromversorgungsanlage in Betrieb. Doch ein findiger Wollseifener hatte bereits vorher seine private „Energieanlage" gebaut, um sich die Arbeit in seinem Handwerksbetrieb zu erleichtern: „Hase Huppert", der Schreiner Hubert May, konstruierte ein Windrad, das die gewonnene

Energie über ein Zahngetriebe zum Betrieb der Bandsäge lieferte[51]. Auch der Umgang mit der neuen Energie musste erst gelernt werden. Da es viel zu wenige geprüfte Elektriker auf dem Lande gab, wurden Leitungen teilweise ziemlich unsachgemäß verlegt. Immer wieder kam es daher zu Kurzschlüssen bzw. sogar zu Bränden, insbesondere im Dachbereich der Häuser, die zu Beginn des 20. Jahrhunderts noch zum großen Teil mit Stroh gedeckt waren. Harmloser kling da die Anekdote, die Peter Körner in seinen „Erinnerungen an Wollseifen" aufgeschrieben hat: „Als am ersten Abend das elektrische Licht aufleuchtete ist es geschehen, daß zwei Frauen vergeblich versuchten, das Licht auszupusten, wie man es vorher bei einer Petroleumlampe machte. Als ihnen dies nicht mehr gelang, sind sie aus Angst aufgeblieben bis ihre Männer vom Richtfest [der Stromversorgungsanlage/des Umspannwerks] nach Hause kamen."[52]

Die Fertigstellung des Urftsees brachte bis zum Ersten Weltkrieg weitere Neuerungen ins Dorf. Mit dem Geld aus den Entschädigungszahlungen für die verlorenen Flächen im Urfttal wurden nicht nur neue landwirtschaftliche Maschinen angeschafft, sondern auch Häuser renoviert. Außerdem entstanden Wochenendhäuser am See, Bootsstege sowie Wanderwege. Mit den Touristen verstärkte sich der Umsatz in den Gaststätten, die nun auch „Fremdenzimmer" vermieteten. Ein radikales, zwischenzeitliches Ende dieser „fetten" Jahre brachte der Beginn des Ersten Weltkriegs mit sich.

Abb. 56: Ansichtspostkarte der Wollseifener Bucht mit Zeltplatz, 1930er Jahre

„Einige Angaben über den großen Krieg, die Beziehungen zu Wolseiffen haben“

(Überschrift zu den Aufzeichnungen zum Ersten Weltkrieg von Peter Heimbach)[53]

3.2 Wollseifen im Ersten Weltkrieg

Die Ereignisse des Ersten Weltkriegs – auch wenn es in der Gegend nicht zu Kampfhandlungen gekommen ist – haben wirtschaftlich und sozial starke Auswirkungen auf das Dorfleben gehabt. Einen guten Überblick über die Situation bieten die Aufzeichnungen des Lehrers Heimbach. Er listet 44 Personen aus Wollseifen auf, die allein 1914 zum Militär eingezogen wurden und deren Schicksal er weiter verfolgt hat. Dies traf natürlich viele Familien und landwirtschaftliche sowie Handwerksbetriebe, insbesondere weil ein Großteil der Männer Anfang August weg musste, mitten in der Erntezeit. Heimbach beschreibt die Stimmung im Ort so: „Als am 31. Juli 1914 die Erklärung des Kriegszustandes in unsern Dorfe eintraf, bemächtigte sich aller einer großen Aufregung. Viele hielten diese Erklärung schon für Krieg. Die älteren Bewohner dachten mit Angst an die Jahre 1870/71. Auffallend ruhig nahmen die jungen Leute, die doch selbst zum Kampfe einziehen mußten, die Nachricht auf."[54] Kurze Zeit später traf auch schon der Aufruf zur ersten Mobilmachung ein. Heimbach schreibt: „Nur eine Hoffnung blieb noch, nämlich daß dieser Befehl nicht auch schon Krieg war. [...] In der Nacht von Samstag zum Sonntag [vom 2. auf den 3. August 1914] kam auch die Mobilmachung der Landstürmer. Wohl noch nie ist ein Schriftstück so oft und so gründlich gelesen worden als diese blaue Bekanntmachung, die auf dem Tore des Dorfvorstehers Mertgens angeschlagen war. Viele Tränen wurden vergossen..."[55]. Im Laufe der nächsten Tage breitete sich so etwas wie Hysterie im Dorfe aus. Überall sah man angebliche Spione: „Die folgenden Tage brachten aufgeregte Stunden. Zuerst waren es die vermeintlichen Spione, die man hinter jedem Fremden suchte, die die Gemüter in Aufregung hielten. Eines Abends hieß es, ein Spion sei den Pafensief hinunter gegangen. Sofort war das halbe Dorf auf den Beinen, bewaffnete sich mit Flinten u. Knüppeln, und suchte den Spion zu fangen. Es stellte sich heraus, daß es ein früher auf Walberhof bediensteter Schäfer war, der seiner alten Stelle wieder dienen wollte."[56] Nach mehreren Vorfällen dieser Art beruhigten sich die Gemüter wieder. Die ersten Kanonendonner hörten die Dorfbewohner am 5. August aus Richtung Belgien. Besonders die Gefechte beim Kampf um Lüttich (4. bis 16. August 1914) waren gut in Wollseifen zu hören. Die Wollseifener suchten Trost im Gebet: „In keinem Jahre vorher war der Kirchenbesuch am Werktagmorgen u. am Sonntagnachmittag so stark wie in dieser Zeit." Offenbar ließ man die Region im Unklaren über die eigentlichen Ereignisse an der Front, denn eine Anfrage der Wollseifener in Aachen nach der Quelle der Kanonendonner beantwortete man damit, dass auf dem Truppenübungsplatz Elsenborn geübt werde. Die Dorfbewohner wussten aber, dass dies nicht stimmen konnte.

← Abb. 57: Der Wollseifener Johann Josef Sistig als Soldat, 1914

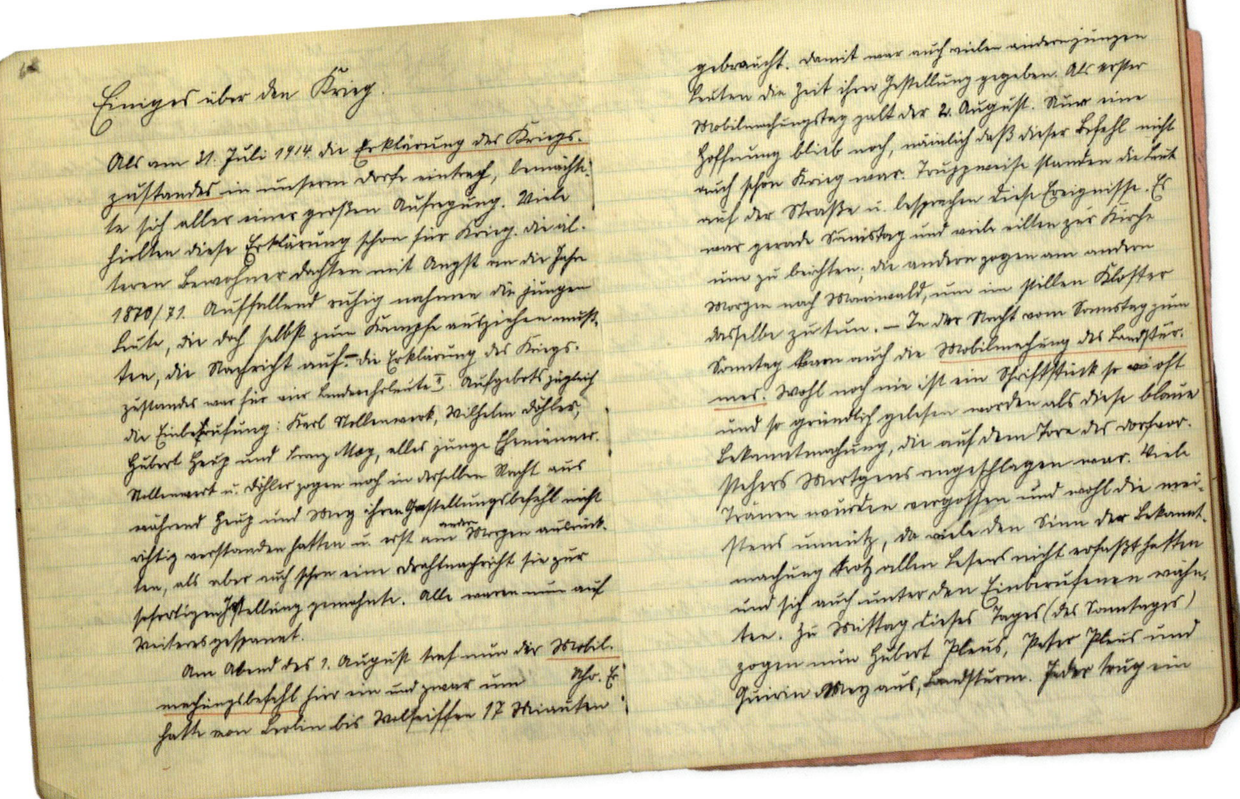

Abb. 58: Aufzeichnungen des Lehrers Heimbach über den Ersten Weltkrieg

Neben der Einberufung der jungen Männer war es vor allem die Beschlagnahmung von Pferden zu militärischen Zwecken, die die Erntearbeiten im Dorf sehr erschwerte. Die Schulkinder bekamen einen ganzen Monat frei, um bei der Ernte zu helfen. Was aber noch viel schwerer wog, war die Einquartierung von Truppen im Ort. Bereits Mitte August waren etwa 1.200 Soldaten für einen Tag im Dorf untergebracht und mussten verpflegt werden. Kaum waren diese weiter an die Front gezogen, folgten andere Einheiten mit bis zu 1.600 Personen. Zwischenzeitlich gab es kein Brot mehr im Dorf. Diese Zeiten dauerten jedoch nicht lange. In den nachfolgenden Monaten beruhigte sich das Dorfleben wieder, allerdings waren immer wieder Gefechte mit Kanonendonner aus Richtung Westen zu hören. Peter Heimbach schreibt dazu, dass insbesondere bei klarem, kaltem Wetter Kanonendonner aus Antwerpen und sogar Reims und Verdun zu vernehmen waren, was physikalisch durchaus möglich ist. Im Winter strickten Mädchen und junge Frauen des Dorfes Socken, Ohr- und Brustwärmer für die Soldaten und schickten diese an die Front. Eines Tages verbreitete sich die Nachricht im Dorf, dass am Bahnhof in Lammersdorf ein Zug voller Soldaten stünde und diese bald nichts mehr zu essen hätten. Die Bewohner des Monschauer Landes hatten sie schon einige Zeit versorgt, kamen aber selbst an ihre Grenzen. Sofort wurde in Wollseifen und Dreiborn gesammelt und Karren voller Lebensmittel nach Lammersdorf gefahren. Es handelte sich um Truppeneinheiten, die aus den Vogesen in Richtung Antwerpen verlegt werden sollten und zeitweise im Monschauer Land gestrandet waren. Neben diesen spontan in Eigeninitiative erfolgten Spenden wurde die Bevölkerung über die Zeitungen immer wieder aufgefordert, ihre Ersparnisse zur Reichsbank zu bringen. 1915 musste das gesamte Getreide bis auf eine bestimmte Ration pro Einwohner abgeliefert werden. Damit ging nicht nur Brotgetreide verloren, sondern auch Viehfutter. Deshalb schlachtete man alle Schweine im Dorf, was zunächst einen Überschuss an Fleisch und Speck zur Folge hatte, sich jedoch schnell ins Gegenteil umkehrte. Auch Brot wurde beim Bäcker rationiert. Es folgten weiter Einberufungen von Männern, jetzt auch älterer Jahrgänge.

Im Winter 1915/16 stiegen die Lebensmittelpreise stark an, aber auch diejenigen für andere landwirtschaftliche Erzeugnisse wie Vieh. Wohl dem, der jetzt einen Hof hatte. Kontinuierlich war das Donnern der Geschütze, mal stärker, mal weniger laut, aus Südwesten zu hören, „...so daß manchmal die Fenster zitterten. [...] Das Dorf wurde überflutet von Fremden, die Lebensmittel bes. später Kartoffeln kaufen wollten. Jegliche Preise wurden geboten."[57] Es folgte ein sehr kalter Winter im Januar und Februar 1917. Peter Heimbach beklagt in seinen Notizen, dass mit den Lebensmitteln teilweise Wucher betrieben wurde. Wie kritisch die Situation war, belegt die Tatsache, dass sogar Militär im Dorf auftauchte und die Höfe nach versteckten und nicht angemeldeten landwirtschaftlichen Produkten durchsuchte. Im Mai wurden Kinder aus dem Ruhrgebiet für sechs Wochen im Dorf untergebracht, da der Hunger in den Städten deutlich

Abb. 59: Pfarrkirche mit dem Kriegerdenkmal, um 1930

zunahm. Der Mangel an Material an der Front wurde besonders sichtbar, als im Laufe des Jahres Kirchenglocken und sogar Orgelpfeifen zum Einschmelzen abmontiert werden mussten. Zwar erhielt die Kirche dafür eine finanzielle Entschädigung, doch die Gottesdienste waren ziemlich beeinträchtigt. In der Kirchenchronik wird notiert: „Der Blitzableiter und die kleine Glocke (gegossen 1652) blieben uns erhalten.“[58]

1918 setzte sich die Krise weiter fort. Immer wieder kam es zu Diebstählen auf den Feldern. Im November überschlugen sich dann die Ereignisse. Zur Kapitulation notierte Peter Heimbach in seinen Aufzeichnungen: „11 Nov. 11 Uhr Vorm. Waffenstillstand mit schweren Bedingungen.“[59] In den folgenden Tagen überflogen zahlreiche deutsche Flieger auf dem Rückzug von der Front Wollseifen. Heimbach berichtet davon, dass durch Herhahn, Dreiborn und Gemünd viele Truppen zogen und auf dem Heimweg Pferde, Wagen, Karren und sogar Waffen verkauften, um die Soldaten überhaupt zu ernähren und den Sold zahlen zu können. So wurde z.B. ein Pferd für zwei Brote gehandelt. Auch Gefangenentransporte, insbesondere mit russischen Kriegsgefangenen, zogen Richtung Osten. Bei Walberhof wurden am 18. November über 1.500 Pferde – „meistens leichte Russenpferde“ – wie Heimbach schreibt, auf die Weide getrieben. Immer wieder quartierten sich während dieser Zeit auch Truppen über Nacht in den Dörfern ein.

Mit den Berichten über die Einquartierungszahlen sowie der Auflistung von 18 gefallenen Wollseifenern endet der Bericht des Lehrers Heimbach über die Kriegszeit. Doch eigentlich handelte es sich dabei nur um die Spitze des Eisbergs. In seinem „Gedenkbuch für die Soldaten im Ersten Weltkrieg 1914–1918“[60] geht Andreas Züll auf die Schicksale von insgesamt 51 Wollseifenern ein, die im Ersten Weltkrieg an den verschiedenen Fronten gekämpft hatten und entweder getötet oder verwundet worden waren. Unerwähnt bleibt dabei, welche traumatischen Erfahrungen diese Männer nach Ende des Krieges mit nach Hause genommen haben und keine Chance hatten, diese aufzuarbeiten. Von außen betrachtet nahm das Dorfleben wieder seinen gewohnten Gang auf. Dazu vermerkt die Pfarrchronik: „Von der nach Schluss des Krieges ausbrechenden Revolution und den blutigen Folgen blieb das Pfarrdorf Wollseifen verschont. Die aus dem Kriege zurückkehrenden Männer und Jünglinge begaben sich bald wieder an ihre Arbeit, besuchten den Gottesdienst und empfingen die hl. Sakramente, wie vor dem Kriege. Eine gewissen Verwilderung der Jugend und die überall sich mehrende Genußsucht und Tanzwut und Kleiderpracht ist auch zu vermerken. Man will sich eben entschädigen für die Zeit des Ertragens und Entsagens während des Krieges.“[61]

„In den letzten Wochen gehen die Wollseifener schmuggeln“[62]

Abb. 60: Frau mit kleinem Kind vor ihrem Haus in Wollseifen in den 1920er Jahren

3.3 Landleben in Zeiten der Inflation

Obwohl die Nachkriegszeit gravierende, insbesondere territoriale Veränderungen in der Grenzregion mit sich brachte, erwähnt Peter Heimbach diese in seinem Tagebuch mit keinem Wort. Nach der Ratifizierung und damit dem Inkrafttreten des Friedensvertrags von Versailles am 10. Januar 1920 ergaben sich gewichtige Grenzverschiebungen. Große Teile der ehemaligen Kreise von Eupen und Malmedy gehörten nun zum belgischen Staatsgebiet. Damit waren auch Kontakte zu deutschsprachigen Verwandten und Freunden durch die näher gerückte Grenze erschwert. In seinen Aufzeichnungen notiert Heimbach lapidar: „Sommer 1923. Ersten 5 Jahre nach Friedensschluß. Belgische Besatzung. Ruhrbesetzung."[63]

Allerdings erwähnt Peter Heimbach die hohe Arbeitslosigkeit, die die Besetzung des Ruhrgebiets zur Folge hatte. Immerhin erhielten die Arbeiter durch die Ruhrhilfe jeweils 2/3 des Tagelohns zur Unterstützung. Das klingt auf den ersten Blick viel, doch befinden wir uns hier im Jahr 1923, als eine horrende Inflation das Geld fast täglich zunichtemachte. So schrieb Heimbach in seine Kladde: „Am 30.9.23 erhielt der Durchschnittsarbeiter 1 600 000 000 M für die Woche. [...] Das Geld wird nicht geachtet; ein 3jähriges Kind brachte mir 50 000 000 M zurück, die sein Vater geliehen hatte. 14 Tage später kommt ein Schulkind und leiht 3 Milliarden."[64] Um sich ein Bild von den Preisen zu machen, bieten Heimbachs Aufzeichnungen ebenfalls gute Vergleichsmöglichkeiten: So kosteten im September 1923 ein Ei 7 000 000 Mark, ein Pfund Butter 90 000 000 Mark.

Es ist daher kein Wunder, dass man in dieser Situation eher Waren tauschte als mit Geld bezahlte. Zu einer wichtigen Einnahmequelle entwickelte sich in dieser Zeit für die Dörfer an der Grenze der Schmuggel. Auf den Höfen erzeugte Produkte wie Eier oder Butter wurden in den benachbarten Orten auf belgischer Seite überwiegend gegen Kaffee, Petroleum, Tabak usw. getauscht. In seinem Tagebuch hat Peter Heimbach den Bericht eines Schmugglers aufgeschrieben, wobei nicht klar wird, wer der „ich"-Erzähler ist. So notiert Heimbach über eine Schmuggeltour von Wollseifenern nach Wirtzfeld am 27. September 1923: „[...] Die Reise ging [von Wollseifen über Dreiborn] durch den Wald, über den Truppenübungsplatz [Elsenborn] bis vor Wirtzfeld, welches wir jedoch wegen der Dunkelheit nicht sehen konnten. Da wir auf dieser Seite des Ortes unbekannt waren, hielten wir uns zuviel nach rechts und waren bald nach Elsenborn gekommen. Schließlich gerieten wir auf einen breiten Weg, schlugen ihn links ein und gerieten über einige Zäune hinweg ins Dorf Wirtzfeld. Im ersten Geschäfte war es so überfüllt, daß der Geschäftsmann uns bat, ein anderes Ge-

Abb. 61: Postkarte von der Dorfstraße Wollseifen aus den 1920er Jahren. Links im Bild erkennt man ein Windrad, womit ein Handwerker Strom erzeugt hat

schäft aufzusuchen. Hier trafen wir Joh. Mey, Joseph Mey, Fr. [...unleserlich], Hubert May und den kleinen Hubert [...unleserlich]. Der Einkauf währte bis ½ 12 und wir traten den Heimweg an. Auf der Höhe von Wahlerscheid trafen wir mit den andern zusammen und 23 Mann stark (auch 1 Frau mit 2 Mädchen waren dabei) ging es heimwärts. So geht es jeden Tag und es ist zu bedauern, daß die Legelust der Hühner eher aufhört als die Schmuggellust der Wollseifener." Weiter erwähnt der Text, dass Zöllner einen Trupp Wollseifener Mitte Oktober erwischt und ihnen die Ware abgenommen haben. Offenbar hatte dies keine weiteren juristischen Schritte zur Folge[65]. Wie lange dieser intensive Schmuggel andauerte, geht aus den Aufzeichnungen nicht hervor, doch die Nähe zur Grenze ließ auch in den Notzeiten nach dem Zweiten Weltkrieg noch einmal den Schmuggel in vielen Dörfern aufleben.

Die Zeiten der Weimarer Republik brachten nicht nur Inflation und wirtschaftliche Probleme mit sich. Der bereits mit dem Bau der Urfttalsperre erkennbare technische und soziale Wandel setzte sich auf dem Lande weiter fort. Sichtbares Zeichen war die Gründung einer Stromgenossenschaft und der Bau einer dörflichen Stromversorgung. Die Pfarrchronik notiert dazu: „Am 11. Dezember

1923 gab´s endlich in Wollseifen ‚mehr Licht', da am Abend dieses Tages unter dem Jubel der Dorfbewohner erstmalig das elektrische Licht aufleuchtete."[66]

Allerdings war Wollseifen nicht das erste Dorf in der Region gewesen, das elektrische Energie erhielt. Bereits 1920 hatten sich in Glehn und Kall örtliche Stromgenossenschaften gegründet, die das Ortsnetz in Selbsthilfe aufbauten. Eine Stromverbrauchsstatistik aus den Jahren 1927/28 zeigt, dass im Vergleich zu Nachbarorten Wollseifen einen recht hohen Verbrauch aufwies[67]. Trotz der Gefahr, die ein unbedarfter Umgang mit der neuen Energieform bedeutete – z.B. konnte eine unsachgemäße Verlegung von Leitung zum Brennen der strohgedeckten Häuser führen oder Stromschläge verursachen – , griffen viele Wollseifener die neuen Möglichkeiten der Arbeitserleichterung schnell auf und kauften motorengetriebene Schrotmühlen, Kreissägen usw. Nur einer freute sich nicht: der Müller der Sauermühle. So wird berichtet, dass er seine Wut offen zur Schau trug: „Wartet nur, das Ding wird auch mal alle, dann kommt ihr wieder zu mir in die Mühle, – aber dann werde ich euch wecken."[68]

Abb. 62: Ehemalige Pumpstation für die Wollseifener Wasserversorgung „In der Walbig", errichtet 1929/1930, Zustand 2007

Der zweite große technische Sprung war die Verlegung der Wasserleitung 1930. Dazu waren Quellenbereiche gefasst und entsprechende Leitungen sowohl zu Privathäusern als auch zur Kirche und dem Pfarrhaus gelegt worden. Die Arbeiten dauerten vom 1. April bis zum 15. November. Damit entfiel das mühsame Wasserholen aus Brunnen. Doch die für den Bau der Wasserleitung gegründete „Wasserversorgungsgenossenschaft Wolseiffen" hatte sich finanziell übernommen und musste einen hoch verzinsten Kredit aufnehmen. Das wirkte sich auf die Höhe des Wasserpreises bei den Endabnehmern aus. So mancher wird deshalb auch weiterhin sein Brunnenwasser mit genutzt haben.

Und noch eine Veränderung ging vor sich, wenn auch allmählich: Der Tourismus entdecke zunehmend die Region. Bereits vor dem Ersten Weltkrieg waren unterhalb von Wollseifen am Ufer des Urftsees ein Zeltplatz sowie Wochenendhäuser, insbesondere von Industriellen aus der Aachener und Dürener Gegend, entstanden. Auch die Gasthäuser im Ort hatten in den Sommermonaten gut zu tun. Schwimmen und Bootfahren gehörte für die Wollseifener Jugend zum beliebten Freizeitvergnügen.

Doch es war nur eine kurze „Idylle" vor den gravierenden Umwälzungen, die in den 1930er Jahren folgen und schließlich zum Ende des Dorfes führen sollten.

Abb. 63: Drei Mädchen am Bootssteg in der Wollseifener Bucht, 1930er Jahre

„Ein Musterdorf in unserem Heimatgau“

(Überschrift zu einem Artikel über Wollseifen aus dem „Westdeutschen Beobachter“ 1936) [69]

Abb. 64: Haus Josef und Maria Zöll geb. Sistig, 1930er Jahre

3.4 *Umwälzungen und Pläne in der nationalsozialistischen Zeit*

Trotz des gravierenden Wandels, den die Machtübernahme der Nationalsozialisten sowohl politisch, sozial und wirtschaftlich nicht nur in den Städten, sondern auch auf dem Lande bedeutete, gibt es dazu in der Pfarrchronik als auch in den Aufzeichnungen des Lehrers Heimbach kaum Hinweise. Hinzu kommt, dass das von Heimbach geführte Tagebuch abrupt 1923 endet. Die genauen Gründe sind unbekannt. Doch gibt es in seinem Nachlass Dokumente, die zumindest gewisse Schlüsse vor allem auf die unmittelbare Vorkriegs- und Kriegszeit zulassen.

Die Pfarrchronik widmet dem Jahr 1933 ein kurzes Kapitel: „Das Jahr 1933 war gekennzeichnet durch die politische Umwälzung (nationale Revolution), die in unserem Vaterlande vor sich ging. Die Ergreifung der staatlichen Macht durch den Führer der NSDAP, Adolf Hitler, machte sich auch in unserem Eifeldorfe bemerkbar. Die Sorge der Regierung des III. Reiches galt nicht nur der Bekämpfung der Arbeitslosigkeit, sondern auch der Hebung der verschuldeten Landwirtschaft. Über das ‚Erbhofgesetz' freilich scheinen die Meinungen der Bauern geteilt zu sein."[70] Das am 1. Oktober 1933 in Kraft tretende „Reichserbhofgesetz" nahm vielen Landwirten die Verfügungsgewalt über ihren eigenen Grundbesitz. Betroffen waren insbesondere Höfe mit einer Größe zwischen 7,5 Hektar und 125 Hektar, die ihr Land jetzt nicht mehr frei veräußern durften und ungeteilt nur an einen Erben weitergeben mussten. Gerade im Realteilungsbereich der Nordeifel hatte dies Auswirkungen, waren die landwirtschaftlichen Flächen vorher doch an alle Kinder zu gleichen Teilen vererbt worden. Außerdem entstand so eine Benachteiligung von Frauen, da in der Regel jetzt nur an den ältesten Sohn vererbt wurde, auch wenn es ältere Töchter gab.

Doch ein anderes Ereignis brachte wesentlich größere Veränderungen in der ländlichen Struktur der Nordeifel. Bereits 1933 konnten die Bewohner der Region dem Euskirchener Volksblatt entnehmen, dass die NSDAP ein großes Schulungslager bei Gemünd plane[71]. Doch erst ab 1934 wurde die wahre Dimension des Bauensembles wirklich deutlich: Als Bauareal wurden Ländereien – überwiegend Waldareale und extensive Weide- und „Ödland"-Flächen auf der Flur „Erpenscheid", ca. 2 km Luftlinie von Wollseifen entfernt – ausgewählt. Sie gehörten unter anderem auch Wollseifener Landwirten. Damit begannen entsprechende Verkaufsverhandlungen. Leider ist dazu bisher sehr wenig bekannt. Daher kann nicht gesagt werden, wie die „Ankäufe" von den Landwirten aufgenommen wurden oder ob es auch zu Enteignungen kam. Neben den Flächen, die unmittelbar für den Bau der „Ordensburg“ Vogelsang gebraucht wurden, übernahm die im Mai 1933 gegründete Deutsche Arbeitsfront (DAF) auch den Gutshof Walberhof mit seinen weitläufigen landwirtschaftlichen Flächen. Hier war der Bau eines Flugplatzes geplant.

Die Großbaustelle war nicht die einzige in der Region. 1934 wurde auch der Bau des Staudamms Schwammenauel, also des Rursees, begonnen. Weitere Großbauten wie die Kalltalsperre und ab 1936 der sogenannte Westwall folgten. Die Arbeitslosigkeit in der Region sank punktuell. Für die meisten Landwirte bedeutete der Verlust des weit vom Dorf liegenden Landes keinen großen wirtschaftlichen Nachteil, denn durch Geld konnten sie neue Maschinen und Düngemittel kaufen und die verbliebenen Flächen intensiver bearbeiten. So machte sich langsam eine Modernisierung der Betriebe bemerkbar. Auch die Kirchengemeinde sah durch den Bau Vorteile. So erhoffte man sich für Wollseifen, dass die vor dem Ersten Weltkrieg gefassten und auf Eis gelegten Kirchenbaupläne nun in die Tat umgesetzt werden könnten, da man mit einem starken Zuwachs der Dorfbevölkerung rechnete, die einen größeren Kirchenbau erforderlich machte. Doch die erhoffte Baugenehmigung ließ auf sich warten. Immerhin reichte es schließlich 1938 zu Renovierungsmaßnahmen, da der Kirchenbau ziemliche Feuchtigkeitsschäden aufwies[72].

Abb. 65: Blick von der Baustelle in Vogelsang Richtung Westen nach Wollseifen; 20. September 1934

Abb. 66: Montage einer Mähmaschine vor der Schmiede Alois May, 1938

Viele Wollseifener profitierten zunächst vom Bau Vogelsangs, sei es durch Grundstücksverkäufe, durch Fuhrdienste oder durch das Geld, das die Arbeiter in Gasthäusern und Geschäften ließen. Doch es gab auch erhebliche Nachteile. Im Nachlass des Lehrers Heimbach findet sich ein von ihm bezeichnetes „Schmierbuch"[73]. Hier machte er sich beispielsweise Notizen, wenn ihn Dorfbewohner darum baten, eine Eingabe oder Stellungnahme an Behörden für sie zu verfassen, da viele sich zu unsicher fühlten und nicht die richtigen Worte fanden. Auch er selbst verfasste in eigener Sache Briefe an Behörden. Aus diesen Skizzen wird deutlich, dass die Baumaßnahmen nicht unproblematisch verliefen. Offenbar hatte die Bauherrin DAF (Deutsche Arbeitsfront) wenig Probleme damit, ungefragt über Grundstücke der Landwirte zu fahren und Schäden zu verursachen. Die Bauern selbst mussten dann langwierige Verhandlungen um Entschädigung führen. Auch der Verlust von guten landwirtschaftlichen Flächen in Dorfnähe durch den geplanten und begonnenen Bau des Dorfes Vogelsang, das östlich unterhalb von Wollseifen entstehen sollte – die Mauerreste der Rohbauten sind bis heute auf dem Weg von Vogelsang nach Wollseifen zu sehen – war den Landwirten ein Dorn im Auge. Peter Heimbach, dessen Frau einen größeren Hof mit in die Ehe gebracht hatte, beklagt sich, dass er durch diese Baumaßnahmen und mögliche weitere Baupläne fast 25 Prozent guten Ackerlandes verlieren würde[74]. Damit wäre sein Betrieb ruiniert. Er erhob Einspruch gegen die Enteignung. Ein weiterer vorgeschriebener Brief in eigener Sache aus dem Jahr 1939 an den Amtsbürgermeister in Dreiborn verweist auf den äußerst schlechten Zustand der Straße Wollseifen – Walberhof. Die Hauptzufahrt zum Ort war vermutlich durch die Baumaßnahmen für das Dorf Vogelsang stark in Mitleidenschaft gezogen worden: „Der Gemeindeweg Wollseifen – Walberhof ist, wie Ihnen bekannt sein wird, in so schlechtem Zustand, daß er von Fuhrwerken schwer zu befahren ist und von Fußgängern fast ganz gemieden wird. Die Folge davon ist, daß mein Grundstück das in über 300 m Länge am Wege vorbeiführt, nicht nur von Fußgängern dauernd begangen, sondern auch von Tieren und Wagen, ja sogar von Kraftfahrzeugen befahren wird. Die schon wiederholt aufgestellten Abwehrzäune wurden immer wieder beseitigt. Sollte dieser Zustand des Weges noch länger fortdauern, so würde eine weitere landwirtschaftliche Nutzung des Grundstückes in Frage gestellt. Ich bitte daher um Abstellung der Mängel wenigstens insoweit, daß durch Befestigung der größten Löcher die Straße wieder in etwa dem Verkehr dienen kann."[75] Ob diese Briefe abgeschickt wurden und Erfolg hatten, ist heute nicht mehr überprüfbar.

1936, zwei Jahre nach Baubeginn von Vogelsang, kam Wollseifen selbst in den Fokus der Nationalsozialisten. Sie hatten den Ort ausgewählt, um ihrer rassistischen Ideologie von „Blut und Boden" mit der Umwandlung von Wollseifen zu einem „Musterdorf" in der Region Ausdruck zu verleihen. Der Westdeute Beobachter vom 13. Juni 1936 erklärte das System der „Musterdörfer" seiner Leserschaft so: „... so ist es Sinn und Aufgabe der neuen Aktion, der Dorfverschönerungsaktion, zunächst in jedem Gau ein Musterdorf zu schaffen, das heißt ein Dorf, das sich nach unserer nationalsozialistischen Auffassung von der Schönheit des Dorfbildes und des Arbeitsplatzes in einem unwürdigen und unschönen Zustand befindet, ohne finanzielle Bezuschussung durch Gemeinschaftsarbeit von Partei, Arbeitsfront und Reichsnährstand und Behörden so schön und sauber herzurichten, daß es den übrigen Dörfern des Gaues beispielgebend ist."[76] Damit wird klar, dass Wollseifen zu einem Dorf komplett nach den Vorstellungen der Nationalsozialisten umgekrempelt werden sollte, als Vorzeigedorf in der Nähe der „Ordensburg", das sowohl Gästen von Vogelsang als auch Urlaubern der Region vorgeführt werden sollte. Das Image der öden, armen Eifel sollte aufgebessert werden. Man dachte sogar über eine Namensänderung nach: „Wolseiffen bei der Burg Vogelsang"[77]. In den Zeitungsberichten sind immer wieder Vokabeln wie „Ordnung" und „Reinlichkeit" oder „einheitliches Ortsbild" zu lesen. Die angedachten Veränderungen sollten tief ins Privateigentum eingreifen, z.B. dachte man daran, Modernisierungen der letzten Jahrzehnte, das heißt Verkleidungen von Fachwerkwänden oder mit Blech gedeckte Wirtschaftsgebäude, wieder rückgängig zu machen sowie die Vorgärten einer einheitlichen Gestaltung zu unterziehen. Wenn man diese Gedanken weiterspinnt, wären im Idealfall wahrscheinlich die Bewohner in einer nationalsozialistischen „Volkstracht" in einer Art Freilichtmuseum herumgelaufen. Wie die Wollseifener selbst zu diesen Plänen standen, ist leider nicht überliefert. Die Propaganda sprach jedenfalls von „begeisterter Bereitwilligkeit". Fest steht, dass nichts davon verwirklicht wurde. Und noch eines wird deutlich, wenn man die Notizen von Peter Heimbach und die Artikel der „gleichgeschalteten" Presse vergleicht: Idealvorstellungen und die tatsächlichen Aktivitäten der NSDAP vor Ort klafften ziemlich auseinander.

→

Abb. 67: Zeitgenössische Zeitungsberichte über das „Musterdorf" Wollseifen

Wollseifen wird Musterdorf

H. M. Es mag einigermaßen überrascht haben, als man in der vorigen Woche erfuhr, daß Wollseifen von der NS-Gemeinschaft „Kraft durch Freude“ dazu ausersehen sei, zum Musterdorf ausgestaltet zu werden. Man hätte sich in dieser Rolle eher ein an den Hauptverkehrsstraßen gelegenes Dorf denken können, das Voraussetzungen zu seiner Bestimmung, einem großen Teil reisender Volksgenossen seine Mustervorzüge zu zeigen, bereits in seiner äußeren Lage darbot. Wollseifen selbst liegt nicht unmittelbar am Strang des großen Verkehrs, eine Verbindungsstraße führt von der verkehrsreichen Landstraße Gemünd—Einruhr—Simmerath dorthin. Das ist gleichzeitig die einzige Verkehrsstraße, die Wollseifen mit der Umwelt verbindet, denn nach allen anderen Seiten hin strömen lediglich die Feld- und Fußwege in die Wollseifener Fluren und zum Urftsee aus. Aber vielleicht gerade um seiner reservierten Lage wegen war dieses Dorf mehr dazu berufen, zu einem Musterdorf um- und ausgestaltet zu werden. Die zahlreichen Eifelbesucher, die alljährlich in die Umgebung des Urftsees kommen, kennen Wollseifen als ein typisches Eifeldorf, das trotz eines gewissen Fortschritts in Dorfbau- und Dorfkultur die Werte alter bäuerlicher Ueberlieferungen nicht mißachtete und heute noch ein dörfliches Eigenleben hochhält.

Die Aufgabe, Wollseifen zu einem Musterdorf umzugestalten, also das äußere Bild möglichst vorteilhaft zu beeinflussen, darum aber auch die Eifeler Eigenart des Dorfes, überhaupt seinen Eifelcharakter zu erhalten und zu betonen, ist nicht leicht. Nur eine einträchtige Zusammenarbeit der Dorfgemeinschaft mit den zuständigen behördlichen Stellen wird diese Aufgabe zur Zufriedenheit lösen können.

Der Ort soll ein Beispiel an Ordnung und Reinlichkeit sein. Bau und Farbe im Dorf sollen sich zu einem einheitlichen Bild vereinen und mit der umgebenden Landschaft übereinklingen. Die Straßen im Dorf müssen im Zuge dieser Bestrebungen eine grundlegende Verbesserung erfahren. Vielleicht bildet gerade die Beschaffenheit der Straße eine der wesentlichsten Voraussetzungen für die Möglichkeit der einwandfreien Durchführung der anderen Aufgaben. Straßen sind die Blutadern eines Dorfes, auf denen das Leben abläuft und an denen sich das Bild des Dorfes zu gestalten vermag. Die stattlichen Straßendörfer der nördlichen Eifel und des Venns sind sprechende Beweise für diese Vormachtstellung der Straße im Dorf. Von der Dorfstraße aus müßte auch die Verbesserungsarbeit im übrigen Dorfwesen ihren Ausgang nehmen. Man kann sich vorstellen, daß ein großer Teil dieser Arbeit mit der Herrichtung einer einwandfreien Straße, die mit ihrer verkehrstechnischen Güte jenen Gleichklang der Eindrücke vereint, die für das Eifeler Dorfbild notwendig sind, bereits erfüllt ist. Zudem bietet die große Wollseifener Dorfstraße reizvolle Möglichkeiten einer Belebung. Am Eingang des Dorfes läßt sie von einer kleinen Hochebene herab bereits den größten Teil des Dorfes überschauen, dann führt sie durch eine Talsenke durch das Unterdorf und steigt in einer gewundenen Linie zum Oberdorf an, in dem sich die Kirche als beherrschendes Bauwerk der Siedlung erhebt.

Links und rechts von der Straße gliedern sich mehr oder weniger unregelmäßig die alten Häuserbauten an den Straßenzug an und leiten in Abständen zu den ebenfalls unregelmäßig abgleitenden Seitenwegen über, die unmittelbar in den Fluren auslaufen. Wollseifen hat zwar keinen eigentlichen Dorfmittelpunkt; als typisches Reihendorf gliedert es sich in Einzelpartien, die zwar für sich nicht einzeln abgeschlossen sind, die man aber doch als Wohnbezirke bezeichnen könnte.

Schwierig mag die Ausgestaltung der baulichen Anlagen dadurch sein, daß alte, im vorzeitlichen Eifelcharakter erhaltene strohgedeckte Häuser abgewechselt werden durch neue, manchmal nicht gerade geschmackvolle Wohnbauten. Hier eine Besserung zu schaffen, ist eine verdienstvolle Aufgabe. Unter zwecklosem Putz und kitschiger Blechbekleidung wird noch manche geschmackvolle Hauswand herauszuholen sein, die dann im Gesamtbild nicht mehr eine störende Unmöglichkeit bildet, sondern mit allem harmoniert. Die amtliche Denkmalspflege wird sich der Unterstützung der NS-Gemeinschaft „Kraft durch Freude“ gerne dankbar erzeigen, da die beschränkten Möglichkeiten der Dorfbereinigung auf dem Wege amtlicher Anordnungen hier eine weit wirksamere und wertvollere Unterstützung erfahren durch die Gemeinschaftsidee, die die eigentliche Trägerin der Gestaltung Wollseifens zum Musterdorf sein soll und sein wird.

Es bleibt abzuwarten, nach welchen Gesichtspunkten die Richtlinien für die gegebene Aufgabe aufgestellt werden. Die Wollseifener Bevölkerung wird sich jedenfalls gerne in den Dienst dieser Aufgabe stellen und zum Besten der Dorfgemeinschaft mitarbeiten. Für den Kreis Schleiden ist es ein hoch zu würdigender Vorzug, daß er das erste Musterdorf im Gau Köln-Aachen erhält und dadurch der Blick der westdeutschen Heimat noch mehr auf das Grenzland im Westen gelenkt wird.

Wie eine kleine Burg liegt das Haus auf der Anhöhe

In gewundener Linie führt die Straße zum Oberdorf

Strohdach und Fachwerk bestimmen den Charakter des Nordeifeler Bauernhauses

Solche stattlichen Häuser schuf die neuere Zeit

Fotos: H. Meyer

Wandern und Erleben

Wohl jeder Mensch kennt den Wunsch und den Drang zum Erlebnis. Und jeder Mensch fühlt es, wenn auch manchmal unbewußt, daß die Welt ihm etwas bieten kann, was abseits seiner Tagesarbeit liegt, was Kräfte in sich birgt, ihn diese Tagesarbeit auch wiederum zum Erlebnis werden zu lassen, diese Arbeit mit einer tieferen Sinngebung zu erfüllen, je mehr sich der Horizont seines Wissens und Erfühlenkönnens weitet. Erleben bedeutet Freude, Erleben bedeutet Teilhaben auch an Dingen, die jenseits der beruflichen Leistung liegen. Daß aus dieser Erlebnisfreude neue Kraft für des Werktags Arbeit geschöpft werden kann, ist ja auch der Sinn der Fahrten und Wanderungen des Amtes „Kraft durch Freude“.

Wir wollen, ja wir *sollen* Freude schöpfen, Freude in reichster Fülle, denn sie gibt uns Kräfte für die Tagesarbeit. Wer je gewandert ist und ließ seine Sorgen zu Haus, wer mit offenem Blick und empfängnisfrohem Herzen durch die Natur zog, wer erleben wollte, der wußte stets, wenn er am Abend sich wandermüde auf das Lager streckte, daß ihm die Freuden des Erschauten zu neuen Kräften wurden.

Und fragst Du noch: „Wo soll ich wandern, wo ist das Land, das mir besonders eindrucksvolle Erlebniswerte schenkt?“, so laß Dir sagen: „Komm' zu uns in's Rheinland! In diese große Sommerfrische im Westen des Reiches, die darauf wartet, Dich gastlich zu empfangen“. Ob Du am Rheinstrom wanderst und die Sieben Berge grüßt, oder mit einem der weißen Schiffe an Rebenhügeln und Burgruinen vorbei den Rhein hinauf fährst, ob Du mehr abseits vom großen Verkehr die lieblichen und romantischen Flußtäler suchst, die weingesegneten Täler der Ahr, der Mosel und der Nahe, ob Du dahinziehen willst mit Rucksack und Wanderstab durch die weiten Bergländer der Eifel und des Hunsrücks, um ihre Stille u. Einsamkeit zu erleben, ob Du des Siegtals liebliche Schönheit oder des Westerwalds weite Hochflächen und blumigen Waldtäler grüßen willst: überall umfängt Dich eine Natur von besonderer vielgestaltiger landschaftlicher Schönheit. Oder zieht es Dich zu den Tälern und Höhen des Bergischen Landes, wo an der Wupper, dem arbeitsamen Flusse, uralte Schleifkotten im Wiesengrunde stehen? Oder möchtest Du das Ruhrtal besuchen, wo nicht nur die Industrie rastlos schaffende Stätten deutschen Fleißes schuf, wo es auch grünt und blüht unter rheinischer Sonne? Dann fahre dorthin und zaudere nicht. Vielleicht ist Deine Heimat ein Land der Berge und Täler, und Du hast gehört, daß auch das Flachland mit seiner weiten Sicht und gewaltigen Himmelskuppel besondere Stimmungswerte bietet: und grad' die weite ebene Flußlandschaft möchtest Du schauen, dann komm' zu uns an den Niederrhein, wo der Strom breit und behaglich fruchtbare Ebenen durchfließt! Wo die Landschaft an das nachbarliche Holland gemahnt, und die Flügel der Windmühlen kreisen.

Wenn Du ins Rheinland reisen willst, so wisse, daß hier in eine freudvolle Natur uralter Kulturbesitz gebettet liegt. In den alten Städten und Städtchen des Rheinlandes schaust Du die Zeugen einer großen geschichtlichen Vergangenheit. Hier erlebst Du Deine Geschichte, die Geschichte Deines Landes. Hier offenbart sich auch der völkisch bewußte Kulturwille der Gegenwart in gewaltigem Schaffen. Doch nicht nur in den Städten, auch in stillen Tälern und auf einsamen Höhen grüßen Dich steinerne Zeugen der Vergangenheit: Burgen und Burgruinen und kunstgeschichtlich bedeutsame Klosterbauten. Doch willst Du teilhaben an echtem rheinischem Frohsinn und rheinischer Daseinsfreude, so fahr' in eins der vielen Städte und Dörfer, wo die rheinische Kirmes gefeiert wird, wo Trachten- und Weinfeste Einheimische und Fremde zu einer großen Familie vereinen.

Und sind die Ferientage allzuschnell vergangen, so wirst Du heimkehren mit dem Bewußtsein, nicht nur ein Land und seine Kultur erlebt zu haben, sondern auch um die Seele des rheinischen Volkes zu wissen, das Dich mit echter Gastlichkeit aufnahm

„… die Bewohner Wollseifens bewahrten während des Angriffs kühle Ruhe…“

(Anmerkung des Lehrers Heimbach am 7. Juni 1940)[78]

Abb. 68: Ein Wollseifener in Wehrmachtsuniform betrachtet einen durch einen Bombenabwurf zerstörten Baum auf einer Wiese nahe dem Ort, frühe 1940er Jahre

3.5 Der Krieg kommt nach Wollseifen

Über den Kriegsbeginn geben die Quellen wie die Pfarrchronik oder der Nachlass von Peter Heimbach kaum Informationen. In der Pfarrchronik heißt es nur lapidar: „Dann brach der Krieg aus", als sei dieses Geschehen über das Land gekommen und nicht aktiv durch Hitler-Deutschland provoziert und veranlasst worden[79]. Der nächste Eintrag betrifft erst wieder das Jahr 1941. Dennoch lassen sich aus dem eben schon erwähnten Schmierbuch des Lehrers Heimbach[80] einige Schlussfolgerungen ziehen.

Heimbach, der bereits vor dem Krieg aus gesundheitlichen Gründen seinen Beruf hatte aufgeben müssen, wurde Beauftragter der Bürgermeisterei Dreiborn, zu der auch Wollseifen gehörte, für den Luftschutz. Offenbar besaß er ein Fahrzeug, das aber aus noch unbekannten Gründen stillgelegt worden war. Nun beantragte er, diesen Wagen wieder zuzulassen, um diese Aufgabe ausführen zu können. Heimbach musste nun geeignete Räumlichkeiten für den Luftschutz

Abb. 69: Flugzeugbesatzung der Luftwaffe vor ihrem Flugzeug auf dem Walberhof, um 1940

Abb. 70: Weibliche Jugend von Wollseifen bei einer Lazarettübung zum Anlegen von Verbänden, 1942

auswählen, sie entsprechend einrichten lassen und die ordnungsgemäße Bereitstellung gewährleisten. So schrieb er am 29. Januar 1940 unter anderem, dass die Orte Wollseifen, Einruhr, Herhahn und Morsbach über keine Sanitäts-, Instandsetzungs- und Entgiftungsgeräte verfügten und auch keine finanziellen Mittel hätten, diese aus eigener Kraft zu beschaffen. Dabei verwies Heimbach auch auf die problematische Situation, dass diese Orte durch die unmittelbare Nähe zum Luftwaffen-Flugplatz Walberhof besonders gefährdet seien. In späteren Schreiben erwähnt er auch die Dringlichkeit der Anschaffung eines Kleinfilmgeräts, um Schulungsfilme zeigen zu können. Bis zum 12. Februar 1940 waren die wichtigsten Arbeiten erledigt: In Wollseifen waren beispielsweise 18 Keller in massiven Gebäuden zu Luftschutzräumen umgestaltet worden, die jeweils für 10 bis 20 Personen Platz boten. Damit hatte allerdings nur etwa die Hälfte der Wollseifener Bevölkerung die Chance, bei Fliegeralarm diese Räume nutzen zu können. Da die Räumlichkeiten sich überwiegend in Privathäusern befanden, wurde schnell deutlich, dass sich auch eine private Nutzung nicht verhindern ließ. Dazu schreibt Heimbach: „Eine Benutzung der Luftschutzräume als Vorratskeller ist nicht zu vermeiden, da es dem Bauer nicht möglich ist, seine Speisen und Saatkartoffeln und andere wertvolle Lebensmittel [...] anderswo so unterzubringen, daß sie vor dem Verderben geschützt sind. [*Ergänzung von Heimbach*: weil die meisten Bauernkeller nur aus einem Raum bestehen]."

Ein anderes Problem für die Landbevölkerung wurde bereits zu Beginn des Krieges deutlich, was mit kriegsstrategischen Gründen zu tun hatte. Zwei Tage nach dem Überfall auf Polen hatten Frankreich und Großbritannien Kriegserklärungen ans Deutsche Reich geschickt, jedoch einen Angriff in Überschätzung der militärischen Stärke der Wehrmacht unterlassen. In den nächsten Monaten kam es im Deutschen Reich zu einer Truppenverschiebung nach Westen und damit auch zu Einquartierungen von Soldaten in Privathäusern. Ab Mitte Dezember waren davon auch Wollseifener betroffen. Die Aufenthalte der Soldaten in den Privathäusern bzw. auf Privatland dauerten manchmal Monate, ohne dass „Quartiergeld" an die Bevölkerung ausgezahlt wurde. Auch der Lehrer Heimbach musste vom 16. bis 28. Dezember 1939 auf seinem Hof acht Soldaten und drei Pferde versorgen und beklagte sich noch drei Monate später, bisher von staatlichen Stellen kein Geld dafür erhalten zu haben.

Ab 1940 wurde es vor allem für die Frauen in Wollseifen kritisch, deren Männer zur Wehrmacht eingezogen wurden, und die nun einen Betrieb allein führen mussten. Im „Schmierbuch" hat Peter Heimbach immer wieder Eingaben von Frauen auf die Verlegung oder Beurlaubung ihrer Männer vorgeschrieben. Hier soll beispielhaft die Situation von Frau Züll, die einen landwirtschaftlichen

Betrieb sowie ein Gasthaus in Wollseifen führte, wiedergegeben werden. Am 2. Mai 1940 lässt sie folgendes Schreiben von Lehrer Heimbach aufsetzen:

„Betrifft: Bitte der Frau Zöll aus Wollseifen um Versetzung ihres Mannes, des Funkers Fritz Zöll in die Nähe der Heimat. (um Entlassung ihres M. vom Heeresdienst). Nach der Einberufung meines Mannes blieb ich mit meinen 2 Kindern unter 2 Jahren und einer 18-jährigen Stütze in meinem Schank- u. Landwirtschaftsbetriebe zurück. In meinem Hause wohnen 40 Westwallarbeiter, und da ist es für eine Frau auf die Dauer nicht möglich, Ruhe und Ordnung zu halten. Desgleichen ist es mir nur unter Aufbieten meiner letzten Kräfte möglich, meinen Wirtschaftsbetrieb weiter zu betreiben. Ich brauche nur daran zu erinnern, daß in und um Wollseifen 6 Kompagnien Soldaten und [...] ein großes Westwall-Arbeiterlager sind. Da werden die beiden Wirtschaften des Dorfes nur so gestürmt. Das Fehlen des Mannes im Betrieb wird überall ausgenutzt. Für die Anfuhr der meisten Waren mußte mein Mann selbst sorgen, und es fällt mir ungeheuer schwer, auch nur das Nötigste herbeizuschaffen. Zu alledem kommt noch mein landwirtschaftlicher Betrieb, der 16 Morgen groß ist. [...] Würde nun mein Mann in die Nähe der Heimat versetzt, so könnte er seinen Sonnabend- und Sonntagsurlaub zu Hause verbringen und in dieser Zeit vieles regeln und besonders den Wirtschaftsbetrieb am Sonntag leiten. Ich möchte daher um die Versetzung meines Mannes in die Nähe der Heimat ganz ergebenst bitten. Heil Hitler!“[81]

Dem Gesuch wurde offenbar nicht entsprochen, da eine spätere Notiz ein weiteres Schreiben von Frau Züll vom 2. Juni erwähnt, in dem davon gesprochen wird, dass die Frühjahrsbestellung teilweise mit Hilfe des in der Nähe stationierten Militärs erfolgt war, jetzt aber die Pflege der Kartoffeln und in Kürze die Heuernte anstünden und die Frau nicht wüsste, wie sie das bewältigen könne. Der Arbeitskräftemangel im Dorf durch Einberufungen zum Militärdienst machte sich im Dorf auch durch den Wegfall bestimmter Berufe bemerkbar.

*Abb. 71:
Schlachten eines Schweins im Obstgarten eines Wollseifener Gehöfts, um 1939/40, unter Mithilfe von einquartierten Soldaten der Wehrmacht*

So musste der Lehrer Heimbach trotz seines vorzeitigen Ruhestands aufgrund der Einberufung seines Kollegen wieder Unterricht erteilen, was ihm aufgrund seines Gesundheitszustands immer schwerer fiel. Auch ein weiterer im Dorf wichtiger Berufsstand fehlte, wie eine Notiz vom Februar 1941 deutlich macht: „Durch die Einberufungen zum Heeresdienst ist die Landwirtschaft des Dorfes Wollseifen in eine sehr ernste Lage versetzt, da im Dorfe kein Schmied mehr ist [...] Man bedenke nur, daß den Landwirten daher jede Möglichkeit fehlt zur Ausbesserung ihrer landw. Masch. und Geräte zum Hufbeschlag ihrer Zugtiere u.s.w. der Betrieb [...] Aussaat und Ernte sind schwer gefährdet, wenn nicht Abhilfe geschieht, denn so steht der heutige Bauer in der Erzeugungspflicht wie ein Soldat ohne Waffen." Inwieweit auch Zwangsarbeiter zur Unterstützung in der Landwirtschaft eingesetzt wurden, kann nicht gesagt werden. Dazu fehlen bisher die Quellen. Allerdings sind z.B. für das benachbarte Vogelsang, Herhahn und Leykaul Zwangsarbeiterinnen und -arbeiter belegt, die in der Haus- oder Landwirtschaft, im Wald oder in Gewerbebetrieben arbeiteten[82]. Da in fast jedem Dorf Zwangsarbeiter im Einsatz waren, kann trotz fehlender Quellen davon ausgegangen werden, dass auch in Wollseifen solche Menschen zwangsweise arbeiten mussten.

Abb. 72: Beerdigung des gefallenen Soldaten Robert Mey in Wollseifen, um 1940

Doch der Krieg machte sich auch als direkte Bedrohung bemerkbar. Im Sommer 1940 mehrten sich Fliegerangriffe auf das Dorf und auf die in der Nähe stationierten Soldaten, wobei mehrere Militärangehörige verwundet sowie Häuser und Telefonleitungen beschädigt wurden. Hinzu kamen Flurschäden, die nicht nur durch Angriffe, sondern auch Übungen des Militärs entstanden und zu Ernteausfällen führten: „Durch das Errichten und Abreißen der Tarnzelte wurde die Parzelle so mit Drahtabfällen, Nägeln, Drahtklammern u. dergl. übersät, daß für 60 A nur Umbruch in Frage kommen kann."[83] Die Enttäuschung bei der Landbevölkerung muss ziemlich groß gewesen sein, da die Schreiben auf Beurlaubung von Angehörigen für die Ernte oder auf Anträge auf Entschädigungen mehr oder weniger im Sande verliefen.

Im Juli 1941 erkrankte Peter Heimbach an Magenkrebs und verstarb am 7. Oktober 1942. Daher konnte er weder das Tagebuch/die Chronik noch weitere Aufzeichnungen fortsetzen. Seine Söhne haben das Tagebuch noch mit einigen Anmerkungen zum Krieg versehen. So wird am 27. Januar 1944 über den Absturz einer Militärmaschine knapp neben dem Dorf berichtet[84]. Dies war allerdings nicht das einzige Vorkommnis dieser Art, denn durch die in Walberhof stationierte Luftabwehr gab es im Laufe des Krieges immer wieder Abschüsse und Abstürze von Flugzeugen in der näheren Umgebung von Wollseifen[85]. Am 27. August 1944 wird vermerkt, dass der Kanonendonner von Paris herüber zu hören war und die Front immer näher rückte. Allerdings hatten die Alliierten bereits am 25. August Paris befreit und zogen weiter Richtung Osten. Zivilisten aus dem nahen Belgien und aus Aachen kamen im Laufe des Monats September in den Ort. Am 5. September sprengte die Wehrmacht den Flugplatz Walberhof. Der Krieg hatte endgültig die Region erreicht. Wollseifen lag mitten im Zielgebiet der Urfttalsperre, Vogelsangs und des Flugplatzes Walberhof und wurde immer häufiger Ziel von Beschüssen. Unter Lebensgefahr versuchten einige Landwirte noch, die Ernte einzufahren[86].

*Abb. 73:
Ein Einwohner Wollseifens besucht als Soldat der Wehrmacht sein Zuhause, frühe 1940er Jahre*

Der bis dahin heftigste Beschuss von Wollseifen erfolgte am 15. Dezember[87]. Viele Häuser wurden beschädigt und 34 Einwohner bzw. Einwohnerinnen getötet, sogar eine ganze Familie ausgelöscht. Das Pfarrhaus glich einem Trümmerfeld. Die schwer verwundete Haushälterin des Pfarrers wurde zum großen Lazarettplatz nach Mariawald gebracht, verstarb aber bereits auf dem Weg dahin. Dennoch blieben manche Wollseifener im Dorf, zumindest um das Vieh zu versorgen. Am 21. Januar 1945 erfolgte ein weiterer katastrophaler Angriff, bei dem ebenfalls mehrere Wollseifener den Tod fanden. Ein Leben im Ort war nicht mehr möglich. Noch etwa 80 Bewohnerinnen und Bewohner hatten sich dem Evakuierungsbescheid der deutschen Behörden widersetzt, wurden aber nach dem Einrücken der Amerikaner am 3. Februar 1945 nach Monschau und Mützenich gebracht. Als sie ca. fünf Wochen später ins Dorf zurückkamen, fanden die meisten von ihren Häusern nur noch Trümmerfelder vor[88].

Abb. 74: Kriegszerstörtes Wollseifen, um 1945

Und dann kam die größte Katastrophe...

(Pfarrchronik Wollseifen)[89]

Abb. 75: Zerstörtes Dorf 1945

4. Das Ende der Dorfgemeinschaft

Die Rückkehr in ein zerstörtes Dorf bedeutete erst einmal, dass nach noch vorhandenem Hab und Gut gesucht werden musste, erste Reparatur- und Aufbauarbeiten durchgeführt wurden und das noch lebende Vieh, das in der Nähe des Dorfes herumlief, zurück in provisorische Ställe gebracht werden musste. Da es am Nötigsten fehlte, schauten sich die Wollseifener auch in der Umgebung um, insbesondere in Vogelsang, um brauchbare Dinge wie Fenster und Türen, Dachrinnen usw. auszubauen und mitzunehmen. Damit keine Seuchen ausbrachen, mussten die in der Nähe des Ortes liegenden Tierkadaver, nicht nur tödlich getroffenes Vieh sondern auch getötete Pferde der Deutschen Wehrmacht, so schnell wie möglich begraben werden. Außerdem lagen überall in der Landschaft ausgebrannte Panzer, andere Fahrzeuge und Reste von Geschützen. Die Begehung der Wiesen, Felder und Wälder der Umgebung war nicht ungefährlich, denn überall konnte man auf nicht gezündete Munition und Sprengkörper sowie Minen treten. Noch herrenlos herumlaufende Militärpferde wurden eingefangen und mangels Maschinen zunächst in der Landwirtschaft eingesetzt.

Das Frühjahr 1945 begann und damit stand die Feldarbeit an. Wer noch irgendwie Saatgut und Werkzeug auftreiben konnte, begann mit der Bestellung der Felder. So manche Familie hatte ihren Kartoffelvorrat im Herbst in Erdmieten versteckt und konnte jetzt davon zehren[90]. Teilweise wurden Kartoffeln gegen Gebrauchsgegenstände oder Kleinvieh eingetauscht.

Mit der Kapitulation der Wehrmacht in den Tagen 7. bis 9. Mai 1945 war der Krieg offiziell in Europa zu Ende. Im Laufe des Sommers kamen viele Wollseifener aus der Evakuierung jenseits des Rheins zurück und begannen mit dem Wiederaufbau. Der erste Gottesdienst wurde bereits an Palmsonntag 1945 in der Wollseifener Kirche gefeiert und auch die Schule war bald soweit hergerichtet, dass der Lehrer Lehner aus Herhahn in Wollseifen Unterricht geben konnte. Hoffnung auf eine neue Zukunft machte sich breit.

Abb. 76: Ortseingang zum zerstörten Ort Wollseifen in den 1950er Jahren

„Dat wor de läs Kar Kooen us'm Wollsiefer Feld"

*(„Das war die letzte Karre Korn aus dem Wollseifener Feld";
nach Josef Lorbach, Mundarterzählung zur Vertreibung der Wollseifener)*[91]

4.1 Die Vertreibung

Abb. 77: Blick von Wollseifen nach Vogelsang, 2008

Abb. 78: Östlicher Turm in Vogelsang im Einfahrtsbereich und Seitenflügel mit Kriegsschäden, aufgenommen durch einen Angehörigen der US-Army im März 1945

Doch die Nachbarschaft zur ehemaligen „Ordensburg“ Vogelsang sollte sich auch nach dem Krieg als katastrophal für den Ort erweisen. Direkt nach Kriegsende wurden Militärverwaltungen eingerichtet und Deutschland in Besatzungszonen eingeteilt. Die Nordeifel unterstand jetzt der britischen Militärverwaltung. In Vogelsang wurde zwischenzeitlich britisches Militär stationiert, das allerdings im Herbst 1945 wieder abzog. Es folgte ein deutsches Minenräumkommando, das den Ort sowie die unmittelbare Umgebung von Sprengsätzen räumen sollte[92]. Noch im Herbst und Winter 1945 und sogar bis ins Jahr 1946 hinein gingen die Behörden davon aus, dass der größte Teil des Vogelsang-Ensembles abgebrochen und teilweise als Baumaterial für den Wiederaufbau in der Region genutzt werden sollte. Das größte bauliche Zeugnis des Nazi-Regimes in der Eifel sollte dem Erdboden gleich gemacht werden. Doch im Frühjahr 1946 scheinen andere Pläne an oberen Stellen der Militärregierung aufgekommen zu sein. Man begann, sich für längere Zeit in Deutschland einzurichten und sah in Vogelsang die Möglichkeit, britische Truppen zu stationieren und dort üben zu lassen.

Diese ersten Überlegungen wurden schließlich nur wenige Monate später in die Tat umgesetzt. Im August 1946 eröffnete die Militärregierung, dass um Vogelsang, die Urfttalsperre und nördlich von Dreiborn Ländereien beschlagnahmt seien und ein Truppenübungsplatz eingerichtet werden sollte. Alle Gebäude und Grundstücke, die in der festgelegten Zone lagen, sollten bis zum 1. September geräumt werden. Der offizielle schriftliche Besetzungsbefehl für das etwa 42 Quadratkilometer große Gebiet kam allerdings erst am 8. November 1947 heraus und der offizielle schriftliche Beschlagnahmungsbefehl an die Behörden datiert vom 13. Januar 1949 (!)[93]. Dazu vermerkt die Pfarrchronik lapidar: „Am 1. Sept. 1946 hatte der letzte Wolseiffener seine Heimat verlassen auf unbestimmte Zeit. Das Dorf mußte auf Befehl der Engländer vollständig geräumt werden"[94].

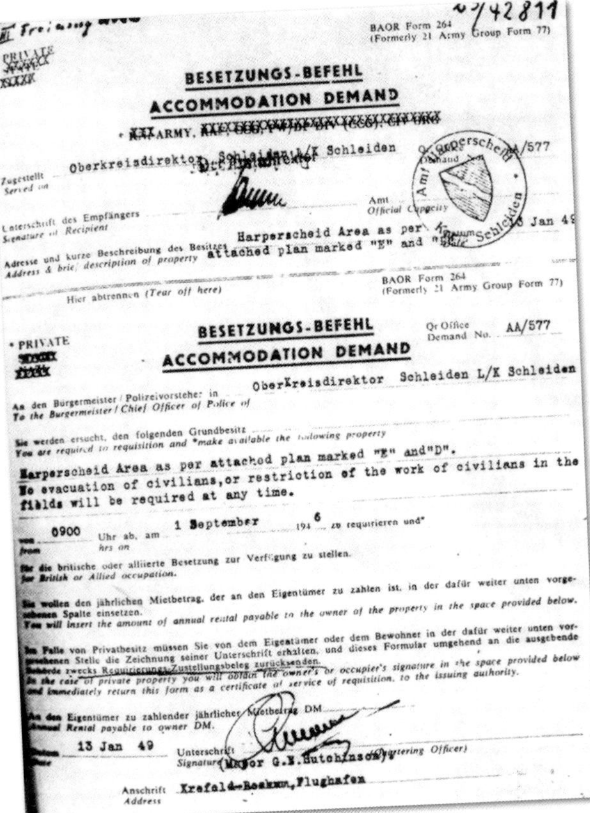
BAOR Form 264
(Formerly 21 Army Group Form 77)

PRIVATE

BESETZUNGS-BEFEHL
ACCOMMODATION DEMAND

ARMY.

Zugestellt / Served on: Oberkreisdirektor Schleiden L/K Schleiden

Qr Office Demand No. AA/577

Unterschrift des Empfängers / Signature of Recipient

Amt / Official Capacity

Jan 49

Adresse und kurze Beschreibung des Besitzes / Address & brief description of property: Harperscheid Area as per attached plan marked "E" and "D"

Hier abtrennen (Tear off here)

BAOR Form 264
(Formerly 21 Army Group Form 77)

PRIVATE

BESETZUNGS-BEFEHL
ACCOMMODATION DEMAND

Qr Office Demand No. AA/577

An den Bürgermeister / Polizeivorsteher in / To the Burgermeister / Chief Officer of Police of: OberKreisdirektor Schleiden L/K Schleiden

Sie werden ersucht, den folgenden Grundbesitz / You are required to requisition and *make available the following property

Harperscheid Area as per attached plan marked "E" and "D".
No evacuation of civilians, or restriction of the work of civilians in the fields will be required at any time.

von / from 0900 Uhr ab, am / hrs on 1 September 1946 zu requirieren und*

für die britische oder alliierte Besetzung zur Verfügung zu stellen.
for British or Allied occupation.

Sie wollen den jährlichen Mietbetrag, der an den Eigentümer zu zahlen ist, in der dafür weiter unten vorgesehenen Spalte einsetzen.
You will insert the amount of annual rental payable to the owner of the property in the space provided below.

Im Falle von Privatbesitz müssen Sie von dem Eigentümer oder dem Bewohner in der dafür weiter unten vorgesehenen Stelle die Zeichnung seiner Unterschrift erhalten, und dieses Formular umgehend an die ausgebende Behörde zwecks Requirierungs-Zustellungsbeleg zurücksenden.
In the case of private property you will obtain the owner's or occupier's signature in the space provided below and immediately return this form as a certificate of service of requisition, to the issuing authority.

An den Eigentümer zu zahlender jährlicher Mietbetrag DM
Annual Rental payable to owner DM.

Datum / Date: 13 Jan 49

Unterschrift / Signature (Major G.E. Hutchinson) (Quartering Officer)

Anschrift / Address: Krefeld-Bockum, Flughafen

Abb. 79: *Der erst 1949 offiziell ausgestellte Räumungsbefehl für das Dorf Wollseifen zum 1. September 1946*

Es ist kaum vorstellbar, wie erschütternd diese Nachricht für die Wollseifener gewesen sein muss. Nachdem sich der erste Schock gelegt hatte, musste so schnell wie möglich eine Bleibe für die nächste Zeit gefunden werden. Viele Bewohnerinnen und Bewohner konnten sich nicht vorstellen, dass es ein Auszug für immer werden sollte. Sie glaubten daran, bald wieder nach Hause zurückkehren zu können. Die Suche nach einer vorläufigen Bleibe gestaltete sich zum Teil sehr schwierig. Immerhin mussten an die 550 Einwohnerinnen und Einwohner untergebracht werden. Wer nicht das Glück hatte, erst einmal bei Verwandten und Bekannten in der Umgebung eine Unterkunft zu finden, war sehr schlecht dran und musste in der weiteren Umgebung etwas suchen. Notunterkünfte wurden in Morsbach, Herhahn und Dreiborn geschaffen[95]. In Schleiden wurden ehemalige Reichsarbeitsdienstbaracken für diesen Zweck wieder instand gesetzt. Doch all das brauchte seine Zeit und stand nicht sofort zur Verfügung. Zudem muss bedacht werden, dass viele Bewohnerinnen und Bewohner der Nachbardörfer auch erst kurz vorher aus der Evakuierung gekommen waren, selbst wieder ihre Häuser aufbauten und in großer Not steckten. Von daher muss hoch angerechnet werden, dass trotz dieser Schwierigkeiten die private Hilfe und die Bereitstellung einer provisorischen und kurzzeitigen Unterkunft unter anderem in den direkten Nachbarorten Dreiborn, Morsbach und Herhahn groß war und die Amtsverwaltung in Zingsheim sogar 1.100 Morgen Land Wollseifern zur Verfügung stellte[96].

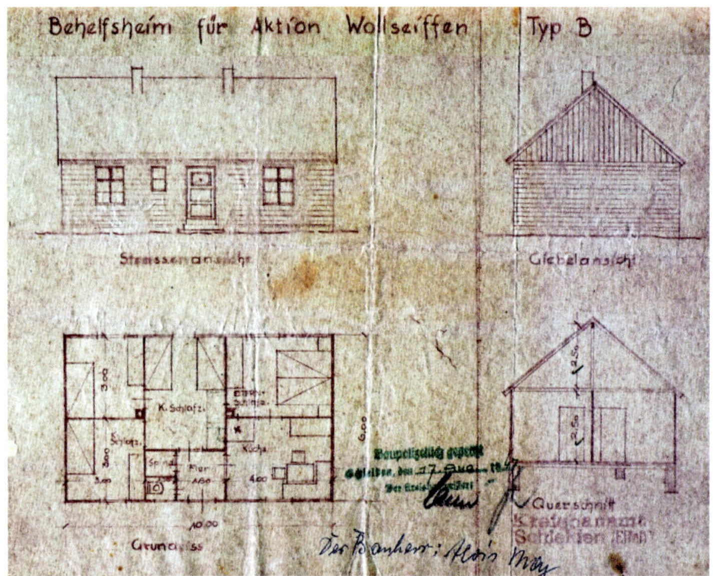

Abb. 80: Bauzeichnung des Behelfsheims „Aktion Wollseifen Typ B" des Alois May in Schleiden, 1947

Abb. 81: Alois May mit Sohn Georg am Behelfsheim „Aktion Wollseifen Typ B" in Schleiden, 1949, wo er provisorisch eine neue Schmiedewerkstatt aufmachte

Die Wollseifener, die noch Feldfrüchte auf dem Acker stehen hatten, erhielten ein zusätzliches Wochenende, um diese zu ernten. Selbst unreife Kartoffeln wurden aufgeladen. Auch in den nachfolgenden Wochen kehrten viele heimlich ins Dorf zurück, um Obst und Feldfrüchte oder Holz aus ihren Wäldern zu holen.

Nicht nur privates Eigentum, sondern auch Dinge, die der Dorfgemeinschaft wichtig waren, wurden ausgebaut und an anderer Stelle „zur Verwahrung" gegeben, in der Hoffnung, doch irgendwann wieder zurückkehren zu können. Vor allem Gegenstände und Einrichtungen aus der Kirche fanden in befreundeten Pfarreien eine vorläufige und letztlich endgültige Bleibe: So wurde beispielsweise die einzige übrig gebliebene Glocke in die Steckenborner Kirche (heute Gemeinde Simmerath) gebracht, die Orgel fand zunächst in Simmerath und später in Rollesbroich (heute Orte in der Gemeinde Simmerath) Platz und einige Kirchenbänke stehen heute noch in der Kirche in Einruhr, um nur einige Dinge zu nennen.

Abb. 82: Die historische Monstranz aus der Pfarrkirche von Wollseifen. Heute befindet sie sich in der Kirche von Einruhr

Die Schwierigkeiten, mit denen die Menschen aus Wollseifen bei der Suche nach einer längerfristigen Bleibe zu tun hatten, wird besonders deutlich in einer Eingabe vom 31. März 1947: „[...] Jeder Ortsbürgermeister, mit Ausnahme weniger, sträuben sich aufs Äußerste gegen die Aufnahme von 1 – 2 Familien. Das Land abzugeben wird sich geweigert, Wohnungen will man keine stellen. Dasjenige was an Behausungen angeboten wird sind zu 80% zerfallene Ruinen. [...] Von Nächstenliebe und Barmherzigkeit keine Spur. Aber nicht nur, daß man nicht helfen will, nein man macht sich noch lustig über die Sache und versucht sie ins lächerliche zu stellen. So wurde bei einer Versammlung erklärt, wenn die Wollseifener zu wenig Land hätten könnten sie ja Limonadenhandel aufmachen. Eine andere Gruppe versucht die Schuld den Wollseifener selbst zu zuschieben weil sie auch mit dafür gesorgt hätten und mit Schuld wären das die Burg Vogelsang dahin gekommen sei. Andere verlangen wieder zuerst Entnazisierung der Wollseifener."[97]

Schließlich fanden die meisten Einwohnerinnen und Einwohner vorübergehend eine neue Bleibe in der näheren und weiteren Umgebung. Doch der Kampf um Entschädigung sollte viele Jahre dauern. Damit blieb es vielen verwehrt, sich kurzfristig etwas Neues aufbauen konnten.

„Wir verlangen keine Schlösser und großen Güter..."

(Zitat aus der Eingabe der Wollseifener an den Kreistag 1947)[98]

4.2 Der Kampf um Entschädigung

Nach dem Auszug der Bevölkerung kamen zuerst die Plünderer. Dachrinnen, Fußböden, Fenster oder Türen fanden heimlich und schnell neue Besitzer. Bei militärischen Übungen wurden Häuser bewusst als Zielscheiben genutzt und zerstört. Als am Abend vor Fronleichnam 1947 auch die Kirche brannte, schwand für die Wollseifener die letzte Hoffnung, doch noch irgendwann zurückkehren zu können. Jetzt hieß es, sich eine neue Heimat aufzubauen.

Doch die Frage war: mit welchem Geld? Sehr langwierige Verhandlungen, die sich noch Jahrzehnte hinziehen sollten, begannen. Nach wie vor gehörte der Grund und Boden den einzelnen Privatleuten. Zwar wurden detaillierte Auflistungen und Schätzungen des Wertes sowohl von Gebäuden als auch von Land angefertigt – sogar die geschätzten Ernteverluste einzelner Obstbäume wurden

Abb. 83: Zerstörte Häuser in Wollseifen, 1953

aufgeführt – doch die Zeit verging, und nur Teile der errechneten Entschädigungen flossen, wobei viele Berechnungen strittig blieben. Um ihren Forderungen Gewicht zu verleihen, gründeten die Wollseifener aus ihren Reihen eine Vertretung, die gegenüber der Politik in den Gemeinden und im Kreis auftrat. Protokolle der Sitzungen[99] belegen, dass detailliert über Entschädigungswerte gestritten wurde, was sich durch die Währungsreform 1948 noch komplizierter gestaltete. „Es besteht darüber Klarheit, daß hierbei gewisse Härten nicht zu vermeiden sind." [100] Immer wieder kritisierten die Wollseifener Vertreter, dass überall Hilfe propagiert werde, die Realität jedoch anders aussähe. Fünfeinhalb Jahre nach dem erzwungenen Auszug aus Wollseifen titelte die Kölnische Rundschau vom 22. März 1952 „Ungewissheit um Wollseifen". Wie die Zeitung weiter berichtete, hatten die Wollseifener es inzwischen geschafft, als Betroffene im Sinne des Flüchtlingssiedlungsgesetzes anerkannt zu werden. Damit bestand die Möglichkeit, günstige Kredite zu erhalten, um sich eine neue Existenz aufbauen zu können. In der Realität wurde die Gesetzgebung allerdings nicht so eindeutig ausgelegt: Der Antrag eines Wollseifeners, auf dieser Grundlage einen Kredit zu erhalten, wurde abgelehnt. Das Thema „Entschädigung" blieb weiterhin aktuell.

1962 wurde der Traditionsverein Wollseifen ins Leben gerufen. Ein wichtiger Schwerpunkt der Tätigkeiten des Vereins war zunächst, sich weiterhin um die wirtschaftlichen Interessen seiner Mitglieder zu kümmern. Immerhin hatte man noch die Hoffnung, irgendwann zurückkehren zu können oder zumindest ordentlich entschädigt zu werden. Deshalb kam der Verkauf des Grundbesitzes an den Bund für viele Wollseifener nicht in Frage. Einige verkauften dann doch, vor allem aus Angst vor einer drohenden Enteignung. Schließlich beschloss die Mitgliederversammlung des Traditionsvereins im August 1975, 29 Jahre nach dem erzwungenen Auszug aus dem Dorf, die Entschädigungsansprüche endgültig fallen zu lassen[101]. Damit wurde das gesamte Gelände schließlich Eigentum des Bundes.

Abb. 84: Der Vorstand des Traditionsvereins Wollseifen e.V., 1960er Jahre. V.l.n.r.: Wilhelm Döhler, Karl Klaßen, Hubert Pleuhs, Josef Mey, Peter Körner

„Eine sichere Existenz für die Familien...“[102]

Abb. 85: Blick auf die neu erschlossene Siedlung Raffelsbrand im Hürtgenwald

Abb. 86: Mitglieder der Familie Thönnessen aus Wollseifen vor dem noch nicht fertigen Hof in Raffelsbrand

4.3 Neue Heimat(en)

Nachdem sich die chaotischen Verhältnisse der ersten Monate nach dem Auszug aus Wollseifen gelegt und die meisten Einwohnerinnen und Einwohner zumindest eine provisorische Bleibe gefunden hatten, war die dringendste Frage: Wie geht es weiter? Noch hatten viele die Hoffnung, irgendwann zurückkehren zu können. Doch diese Erwartung schwand zunehmend. Neben den Verhandlungen um Entschädigung musste eine neue Heimat gefunden werden. Auf einer Auflistung der landwirtschaftlichen Betriebe im geräumten Dorf Wollseifen aus dem Jahr 1947, auf der die Namen der Besitzer, die Hausnummern sowie die Größe des Landbesitzes verzeichnet sind[103], werden handschriftlich die Orte genannt, in denen die entsprechenden Familien gezogen waren. Es handelt sich meist um Orte im Raum Nettersheim, Mechernich oder Zülpich. Mehrfach werden beispielsweise Sistig, Nettersheim, Krekel oder Kall genannt, aber auch Marmagen, Berg oder Vlatten. Erstaunlicherweise sind keine Orte in direkter Umgebung wie Dreiborn oder Herhahn dabei. Außerdem ist nicht bekannt, aus welchem Jahr die handschriftlichen Nachträge stammen, doch müssen sie noch vor 1953 erfolgt sein, da einige Orte, in denen sich in den 1950er Jahren Wollseifener niedergelassen haben, noch nicht genannt werden.

Ein Beispiel für eine neue Heimat ist die Siedlung Raffelsbrand in der Gemeinde Hürtgenwald. Heute zeugt noch die „Wollseifener Straße" davon, dass mehrere Familien aus Wollseifen sich vor Ort ansiedeln konnten. Nach den Zerstörungen im Zweiten Weltkrieg war vom Wald in der Nähe von Vossenack kaum etwas übrig geblieben. Schnell stand der Entschluss fest, den Wald nur zum Teil wieder aufzuforsten und ansonsten die Fläche zu kultivieren und landwirtschaftliche Betriebe für Vertriebe aus den ehemaligen deutschen Ostgebieten sowie für ehemalige Wollseifener Bewohnerinnen und Bewohner zu schaffen. 1953 wurde der Ort Raffelsbrand offiziell eingeweiht. 31 Nebenerwerbs- und Vollerwerbshöfe entstanden nach einheitlichen Bauplänen sowie eine Volksschule mit Lehrerwohnung (heute Jugendwaldheim)[104]. Durch Mithilfe an den Kultivierungs- und Aufbauarbeiten sowie aufgrund günstiger Kredite, deren Rückzahlung erst nach einigen Jahren erfolgen musste, konnten sich sowohl Familien aus Pommern, Ostpreußen und Schlesien als auch aus Wollseifen neue landwirtschaftliche Betriebe aufbauen. Noch heute leben Nachfahren dieser Siedler vor Ort.

Kalter Krieg in der Eifel

5. Der Truppenübungsplatz

Mit dem 1. September 1946 erhielt ein riesiges Gebiet zwischen Schleiden, Heimbach, dem Rursee und dem Monschauer Land einen neuen Status: Etwa 4.500 Hektar Wald und landwirtschaftliche Fläche wurden zum „Sperrgebiet" mit absolutem Betretungsverbot für Zivilisten sowie 1.800 Hektar zum „Aufmarschgebiet". Im letztgenannten lagen auch einige Bundes- und Landstraßen, und zumindest an bestimmten Tagen (z.B. an Sonn- und Feiertagen) konnte der Bereich auf Wegen betreten werden. Damit hatte die britische Besatzungsmacht Fakten geschaffen und einen Truppenübungsplatz, das „Camp Vogelsang", in der Nordeifel errichtet.

Abb. 87: Belgische Kettenfahrzeuge auf der verschlammten Dorfstraße in Dreiborn, 1954/58

Abb. 88: Durch militärische Übungen zerstörte Volksschule in Wollseifen, um 1950

Auch Landwirte aus den angrenzenden Dörfern wie Dreiborn, Herhahn und anderen Ortschaften verloren Flächen. Die Grenzen wurden ziemlich willkürlich gezogen. Die sogenannten „Schießplatzdörfer", wie sie allgemein hießen, waren somit in ihrer wirtschaftlichen Entwicklung stark eingeschränkt. Doch nicht nur das. Durch die ständigen Übungen in unmittelbarer Nachbarschaft und sogar zum Teil in den Orten selbst mussten die Bewohnerinnen und Bewohner nicht nur Lärm und Staub ertragen. Regelmäßig wurden die Dorfstraßen sowie Feldwege von Panzern und schweren Militärfahrzeugen befahren, Vorgärten zerstört und Schlammwege hinterlassen, auf denen sogar Traktoren steckenblieben. Die Gebäude mussten dauernden Erschütterungen standhalten. Gelegentlich wurde sogar an Sonn- und Feiertagen geübt. Außerdem gab es zum Teil schwere Flurschäden auch außerhalb des Übungsplatzes.

Einmal im Jahr, Anfang November zu Allerseelen, war es der Wollseifener Bevölkerung erlaubt, den Friedhof im ehemaligen Dorf zu besuchen und der Toten

← *Abb. 89: Belgische Infanterie-Übung im Bereich Wollseifen, November 1987* zu gedenken. Ihnen bot sich der Anblick eines zerstörten Ortes, der durch die Übungen des Militärs in Schutt und Asche gelegt worden war. Es blieb kaum Zeit, um die Gräber zu pflegen, der Friedhof wuchs allmählich zu.

Die Bedeutung des Truppenübungsplatzes im Zusammenhang mit dem „Kalten Krieg“, der jetzt Europa in zwei Systemblöcke spaltete und noch Jahrzehnte dauern sollte, wuchs zunehmend. Unmittelbar nach dem Zweiten Weltkrieg hatten sich Belgien und Großbritannien darauf geeinigt, dass die Belgier im südlichen Teil der britischen Zone in Deutschland ein eigenes Besatzungsgebiet erhielten. In den Jahren 1946 bis 1948 waren auch belgische Soldaten im Raum Schleiden und Monschau stationiert, deren Hauptaufgabe es allerdings war, Holzeinschläge in den Wäldern, sogenannte Reparationshiebe, durchzuführen[105]. Es gab sogar Bestrebungen seitens des belgischen Staates, Teile der deutschen Grenzregion ganz zu annektieren. Auf der anderen Seite wollten auch deutsche Gemeinden die Eingliederung nach Belgien, weil sich dort Teile ihrer Gemeindeländereien befanden. Die Situation war durchaus ambivalent. Als diese Pläne im April 1949 offiziell aufgegeben wurden, wurde dies in der deutschen Presse gefeiert. Auf der anderen Seite waren manche Gemeinden ziemlich enttäuscht[106].

Was blieb, war das belgische Militär. Am 1. April 1950 übernahm es den Truppenübungsplatz Vogelsang offiziell von den Briten. Damit musste den Wollseifenern endgültig klar geworden sein, dass an eine baldige Rückkehr nicht zu denken war. Noch gab es einige wenige Höfe und Gebäude auf dem Militärgelände, die von Zivilisten bewohnt wurden. Sie sahen nun einem ähnlichen Schicksal entgegen, wie es die Wollseifener vier Jahre vorher erlebt hatten. Dies betraf in erster Linie die Einwohner der Gebäude in Jägersweiler am Obersee der Rurtalsperre, den Hof Leykaul nahe Erkensruhr sowie die Hotelanlagen am Urftsee. Einige Bewohnerinnen und Bewohner erhielten schließlich ein Wohnrecht. Bis zur Auflösung des Truppenübungsplatzes war nur noch ein einziger Hof die ganze Zeit über bewohnt geblieben: Leykaul hart am Rande der Sperrzone. Obwohl nach der kommunalen Neugliederung in den 1970er Jahren zur Gemeinde Simmerath gehörig, hatten die Bewohnerinnen und Bewohner des Hofes von der belgischen Militärverwaltung sogar die Erlaubnis, den Weg quer über den Truppenübungsplatz nach Dreiborn zu benutzen, um Einkäufe und andere Dinge zu erledigen. 2008 verstarb der letzte Bewohner, Paul Sluzala, der als Zwangsarbeiter während des Krieges auf die Hofstelle gekommen war und dort bis an sein Lebensende gelebt hatte. Der Hof, der nach der Auflösung des Militärgeländes seit 2006 komplett vom 2004 gegründeten Nationalpark Eifel umgeben war, wurde 2008 abgerissen, da die starke Asbestbelastung eine Renovierung nicht zuließ.

Abb. 90: Wollseifener Friedhof am 1. November 1947; einige Grabsteine sind durch militärische Übungen umgestoßen

Abb. 91: Ruine der Pfarrkirche, um 1950, mit dem alten Friedhof

Abb. 92: Belgische Infanterie-Übung im Bereich Wollseifen, November 1987; im Hintergrund die ehemalige Pfarrkirche

Abb. 93: Umbettung der Toten vom Friedhof Wollseifen ins Gemeinschaftsgrab in Herhahn, 1955

Abb. 94: Belgische Infanterie-Übung im Bereich Wollseifen, November 1987; vorne ein Beobachtungsgast, hinten Übungshäuser

Anfang der 1950er Jahre drangen Überlegungen seitens der belgischen Militärverwaltung in die Öffentlichkeit, das Militärgelände, das inzwischen ein NATO-Truppenübungsplatz geworden war, zu erweitern. Man dachte an eine Fusion mit dem Militärgebiet Elsenborn nach, das nur wenige Kilometer vom „Camp Vogelsang" entfernt lag. Verbunden damit sollte eine beträchtliche Erweiterung des Platzes sein, die weitere Ländereien von Privatleuten und der Gemeinden umfasst hätte. Natürlich regte sich in der Region heftiger Protest. Petitionen an Bundeskanzler Adenauer wurden verfasst. Letztlich gab man diese Pläne auf, auch wenn sie im Laufe der Zeit immer wieder bis 1970 publik wurden.

Im Jahr 1955 kam es für die Wollseifener nochmals zu einem wichtigen Ereignis. Nachdem der Friedhof in Wollseifen im Laufe der Zeit durch Militärfahrzeuge ziemlich ramponiert worden war, wurde gemeinsam mit der belgischen Militärverwaltung die Umbettung der Toten geplant. Viel Diskussionsstoff lieferte die Frage, an welchen Ort die Toten gebracht werden sollten. Für diejenigen ehemaligen Wollseifener, die eine neue Heimat gefunden hatten, war die Entscheidung klar, dass die Grabstätte in der Nähe des neuen Wohnortes sein sollte. Viele hatten allerdings noch keinen endgültigen Wohnsitz, lebten teilweise noch in provisorischen Unterkünften. Schließlich einigte man sich darauf, auf dem Friedhof in Herhahn ein Massengrab anzulegen. 152 Gräber wurden 1955 am Friedhof an der ehemaligen Zülpergasse in Wollseifen geöffnet, die Gebeine in neue Särge gelegt und zunächst in größeren Zelten an der Straße nach Einruhr aufgebahrt. Nach einem feierlichen Totenamt fuhren 26 Lkws, die das belgische Militär gestellt hatte, die Särge nach Herhahn bzw. an die Wohnorte der Hinterbliebenen. Die Umbettung der Toten des alten Friedhofs direkt an der Kirche, der schon längere Zeit nicht mehr genutzt worden war, erfolgte allerdings nicht[107].

Verbunden war diese Aktion für die ehemaligen Wollseifener und ihre Nachkommen damit, dass es für sie nun keine Gelegenheit mehr gab, zumindest einmal im Jahr ihren alten Wohnort zu besuchen.

Abb. 95: Luftbild der Wüstung Wollseifen, 2006

Im Laufe der Zeit verfielen die Bauten in Wollseifen durch die zahlreichen militärischen Übungen fast komplett. Lediglich die wenigen Steinbauten waren Ende der 1950er Jahre noch erkennbar erhalten: Es handelte sich um die ehemalige Kirche St. Rochus, das Wegekapellchen auf dem Weg von Walberhof nach Wollseifen, Reste der alten Schule sowie ein Trafohäuschen. Erst 1957 kümmerte sich der erste Deutsche Verbindungsoffizier Major Schuchardt in Vogelsang darum, dass die Kirche einen neuen Dachstuhl und eine provisorische Eindeckung erhielt. Im Laufe der Zeit baute das Militär ein eigenes „Übungsdorf" mit Rohbauten auf, wo der „Straßenkampf" geübt werden konnte. Auch THW, Polizei und andere zivile Organisationen übten vor Ort[108].

Die Kritik am Truppenübungsplatz, die regional seit seiner Gründung vorhanden war, verstärkte sich in den 1980er Jahren mit dem Protest gegen die Stationierung von Atomwaffen in der Eifel – die übrigens bis heute in Büchel in der Südeifel vorhanden sind. Mit der Wiedervereinigung der beiden deutschen Staaten 1989 sowie mit der Auflösung des Warschauer Paktes 1991 war der „Kalte Krieg" endgültig vorbei. Damit verlor Camp Vogelsang zunehmend an Bedeutung.

Am 30. März 2001 gab das belgische Verteidigungsministerium bekannt, dass ab 2002 die belgischen Streitkräfte nach und nach Deutschland verlassen würden[109]. Damit wurde das Ende des Truppenübungsplatzes Vogelsang eingeläutet, zumal schon vorher feststand, dass die Bundeswehr kein Interesse an dem Platz hatte. Ende 2005 war es dann endlich soweit: Die letzten belgischen Militärs, aber auch die Zivilbediensteten, die teilweise in die Arbeitslosigkeit entlassen wurden, verließen Vogelsang. Das Gebiet wurde endgültig dem Nationalpark Eifel zugeschlagen, der bereits 2004 gegründet worden war.

Abb. 96: Rochusfest 1996 in Wollseifen, 50 Jahre nach der Vertreibung

Abb. 97: Weggabelung zwischen Wollseifen und Vogelsang

... zwischen Geschichte und Wildnis von morgen

Abb. 98: Ortsmodell von Wollseifen vor der Kirche, 2014

6. Wollseifen im Nationalpark Eifel

Bereits vor dem Abzug des belgischen Militärs aus dem Camp Vogelsang Ende 2005 war der Nationalpark Eifel im Januar 2004 gegründet worden. Mit seinen 110 Quadratkilometern Fläche ist er der erste Nationalpark in Nordrhein-Westfalen. Nationalparke besitzen den höchsten Schutzstatus in Deutschland. Die Natur soll sich – zumindest auf dem größten Teil der Fläche – ohne Eingriff des Menschen entwickeln. Damit sind sie wichtige Rückzugsräume für bedrohte Arten. Der Nationalpark Eifel ist noch bis 2034 ein sogenannter Entwicklungsnationalpark, das bedeutet, dass bis dahin auf bestimmten Flächen menschliche Eingriffe zur Unterstützung der Entwicklung der einzelnen Lebensräume möglich sind. Danach müssen mindestens 75 % der Fläche sich selbst überlassen bleiben.

Bis Ende 2005 hatte der Truppenübungsplatz Vogelsang noch den Status eines militärisch genutzten Geländes. Seit dem 1. Januar 2006 sind diese Bereiche, die sich im Besitz der Bundesrepublik Deutschland befinden, unter den Schutz des Nationalparks gekommen. Damit befindet sich der ehemalige Ort Wollseifen in diesem Gebiet und ist heute wieder zu Fuß, mit dem Fahrrad oder mit der Pferdekutsche an Wochenenden zu erreichen.

Der 1. Januar 2006 war aber auch für die ehemaligen Wollseifener Einwohnerinnen und Einwohner, die zu diesem Zeitpunkt noch lebten, ein sehr wichtiges Datum. Zum ersten Mal seit Jahrzehnten war es ihnen wieder möglich, ihre ehemalige Heimat uneingeschränkt zu besuchen. Deshalb war es an diesem Januarmorgen ein sehr bewegender Moment, als sich als erste Besuchergruppe ehemalige Bewohnerinnen und Bewohner sowie ihre Nachkommen auf den Weg zur Kirche nach Wollseifen machten. Auf diesen Moment hatten doch so viele sehnsüchtig gewartet.

Abb. 99: Niederlegung eines Blumengebindes am ehemaligen Kriegerdenkmal unterhalb der Kirche zum Rochusfest 2006; links: Pfarrer Philipp Cuck, rechts daneben: Karl Heup, der damalige Vorsitzende des Traditionsvereins Wollseifen e.V.

Bereits mit der Einrichtung des Nationalparks Eifel entstanden 2004 Überlegungen, was mit Wollseifen und den Siedlungsresten nach Abzug des Militärs geschehen sollte. Mitglieder des Traditionsvereins Wollseifen e.V., der seit 1962 existierte und sich in den ersten Jahren vor allem mit den Entschädigungszahlungen, später mit der Traditions- und Heimatpflege beschäftigt hatte, machten sich intensive Gedanken dazu. Zusammen mit dem Förderverein Nationalpark Eifel e.V. sowie den Regionalstellen Eifel und Düren des Bistums Aachen entstand ein Arbeitskreis Wollseifen. Ein Wiederaufbau des Dorfes war ausgeschlossen. Die ehemaligen Bewohnerinnen und Bewohner sowie ihre Nachfahren hatten längst neue Wohnsitze gefunden. Außerdem war die Neugründung einer Siedlung im Nationalpark rein rechtlich unmöglich. Daher wurden neue Ziele definiert. Ein Leitbild wurde erstellt, in dem es unter anderem heißt: „Wollseifen – ein Ort der Stille, der Besinnung und des Rückzugs, ein Ort an dem die Siedlungsgeschichte eines Eifeldorfes und die Endlichkeit spürbar werden und ein Blick in den Nationalpark möglich wird."[110]

Heutige Besucherinnen und Besucher können sich selbst ihre Meinung bilden, ob sich diese Ziele erfüllt haben. Bis dahin war es allerdings noch ein weiter Weg. Der erste Entwurf des Arbeitskreises zur Gestaltung des Raumes rund um die Kirche aus dem Jahr 2004 musste aus Kostengründen fallengelassen werden. Er sah vor, auf dem Turm der Kirche eine Aussichtsplattform zu errichten, die Grundrisse der ehemaligen historischen Gebäude rund um die Kirche baulich sichtbar zu machen und eine Dokumentationsstelle einzurichten.

Abb. 100: Restaurierung des Wegekapellchens durch den Traditions- und Förderverein Wollseifen, 2007

Auch wenn dieser Entwurf schließlich nicht verwirklicht wurde, gingen die Überlegungen weiter, in Wollseifen die baulichen Reste des ehemaligen Dorfes, insbesondere die Kirche, das Trafohäuschen, die Reste der alten Schule sowie die Wegekapelle auf dem Weg zwischen Walberhof und Wollseifen zu erhalten, zu restaurieren und den Besucherinnen und Besuchern zugänglich zu machen. Zudem war es ein Herzenswunsch der ehemaligen Dorfbewohnerinnen und -bewohner, ein Stück „Heimat" zu erhalten, in das man immer wieder mit Erinnerungen verbunden zurückkehren und dort zumindest für kurze Zeit in Besinnung verweilen konnte. Aber auch Gäste von außerhalb, die das Schicksal des Dorfes nicht kannten, sollten vor Ort Informationen dazu erhalten.

Abb. 101: Innengerüst in der ehemaligen Pfarrkirche vor der Anbringung des Ringankers, 2008

Abb. 102: Blick in die ehemalige Kirche in Wollseifen kurz nach der Restaurierung

2008 konkretisierten sich die Planungen. In Kooperation mit dem Förderverein Wollseifen e.V., den Denkmalbehörden, der Nationalparkverwaltung sowie der Stiftung Nationalpark Eifel und Vogelsang (damals noch als „Bürgerstiftung Nationalpark Eifel“ firmierend) wurde mit finanzieller Unterstützung der NRW-Stiftung die Ruine der Kirche restauriert. Dabei halfen tatkräftig ehemalige Wollseifener Bürger und andere Freiwillige mit. Nach einigen Diskussionen kamen die Beteiligten zur Entscheidung, den ehemaligen Kirchenraum ausschließlich als „Raum der Stille“ zu konzipieren und die Aufarbeitung der Geschichte an anderer Stelle zu präsentieren. Nach einem Konzept der Autorin und eines Objektdesigners aus Aachen wurde die entsprechende Gestaltung 2009/2010 umgesetzt.

Einige Jahre später wurde auch die ehemalige Schule Wollseifens restauriert und eine Ausstellung zur Geschichte des Dorfes erarbeitet. Sie konnte am Rochusfest 2016 der Öffentlichkeit übergeben werden. Die kostenlose Ausstellung ist – wie die ehemalige Kirche – jeden Tag für Besucherinnen und Besuchern geöffnet.

Abb. 103: Ehemalige Schule, 2016

Inzwischen hat sich auch die Umgebung von Wollseifen verändert. Die von den Militärs zu Übungszwecken errichteten Rohbauten sind zum großen Teil abgerissen worden. Nur die Übungshäuser in der Nähe der Kirche sind zur Erinnerung an diese Geschichtsperiode erhalten geblieben und dienen heute Fledermäusen und anderen Tieren als Unterschlupf. Sie haben nichts mit den historischen Gebäuden in Wollseifen zu tun. Wie der Grundriss des alten Dor-

Abb. 104: Detailabstimmung des Ortsmodells von Wollseifen. Links Gestalter Elmar Heimbach, Aachen, daneben Dr. Hans-Joachim Spohrs, Nationalparkverwaltung

fes Wollseifen kurz vor der Zerstörung aussah, zeigt ein Modell vor der Kirche, dass anhand von Aufklärungsfotos der Alliierten sowie mit Hilfe von Zeitzeugen und historischen Fotos rekonstruiert werden konnte. Es zeigt den Zustand des Ortes, wie er 1944 aussah.

Auch die Natur bemächtigt sich immer weiter des ehemaligen Ortes. Hier wachsen noch Pflanzen, die früher häufig in Siedlungen anzutreffen waren, z.B. am Straßenrand, in Gräben oder auf Schuttflächen. Da ist unter anderem der Gute Heinrich (Chenopodium bonus-henricus) zu nennen, der früher als Wildgemüse genutzt wurde, oder die hübsche, himmelblaue Rapunzel-Glockenblume (Campanula ranunculus). Sogar einige alte Obstbäume wachsen hier noch, die darauf aufmerksam machen, dass an dieser Stelle früher ein Haus mit einem Obstgarten gestanden hat. Auf dem Spaziergang vom Parkplatz Walberhof nach Wollseifen findet man rund um das ehemalige Dorf Bereiche, die gelegentlich gemäht werden oder auf denen regelmäßig Schafherden grasen. So werden die Weiden und Wiesen mager gehalten und bieten Lebensraum für inzwischen sehr selten gewordene Pflanzen und Tiere. Auf der anderen Seite gibt es Flächen, die sich selbst überlassen bleiben und auf denen sich allmählich Ginster, Holunder, Weißdorn oder Hundsrose ausbreiten.

Abb. 105: Blühender Ginster auf der Dreiborner Hochfläche

Wenn der Ginster, das „Eifelgold", im Mai blüht, leuchtet die Umgebung von Wollseifen gelb. Hier sind bevorzugte Lebensräume für verschiedene Heuschreckenarten wie den Warzenbeißer (Decticus verrucivorus) oder das Grüne Heupferd (Tettigonia viridissima). Auch kann man verschiedene Tagfalterarten antreffen, die teilweise auf der Roten Liste der gefährdeten oder vom Aussterben bedrohten Arten stehen. Beispiele sind der Rundaugen-Mohrenfalter (Erebia medusa) oder der Brombeer-Zipfelfalter (Callophrys rubi). In geschützten Hohlräumen im Mauerwerk der Ruinen und Gebäude in Wollseifen überwintert die Erdkröte, und im Frühjahr und Sommer sind die inzwischen in der Region ziemlich seltene Feldlerche oder der Wiesenpieper zu hören. Ein besonderes Naturschauspiel bietet sich in der zweiten Septemberhälfte, wenn die Brunftzeit des Rotwilds beginnt. Dann ist das Röhren der Hirsche weit über die Hochflächen und in den Wäldern rund um Wollseifen und Dreiborn zu hören.

Heute (Stand 2019) leben noch etwa 40 Personen, die den Auszug aus dem Dorf noch selbst miterlebt haben. Für die meisten von ihnen ist Wollseifen im Nationalpark Eifel bis heute ein wichtiger Bezugspunkt, auch wenn viele ihn aus Altersgründen nicht mehr selbst besuchen können. Es ist ein Ort, der mit Erinnerungen verbunden ist und gleichzeitig ein spannender Ort für die zahlreichen in- und ausländischen Gäste, die den Nationalpark oder Vogelsang erkunden und eine Wanderung oder Radtour über die Dreiborner Fläche machen. Wollseifen wird daher auch in Zukunft ein interessantes Besuchsziel in der Eifel bleiben.

Abb. 106: Baumweißling auf der Dreiborner Hochfläche

Endnoten

1 Hans Gerd Lauscher: Zur Geschichte der Heilsteinquelle bei Einruhr. In: Das Monschauer Land Jahrbuch (ML) 33 (2005), S. 14

2 Hermann Hinsen: Das Land „Überruhr". Eine Schleidener Enklave im Herzogtum Jülich. In: ML 29 (2001), S. 24ff

3 Rainer Hülsheger: Walberhof im Land Überruhr. In: ML 38 (2010), S. 48ff

4 Ebenda, S. 51

5 Zit. nach Ernst Ludwig Haeger: Pfarrei Wollseifen/Eifel 1660–1946 , masch. geschr. Manuskript, 2002/2003, S. 29

6 Rainer Hülsheger: Walberhof im Land Überruhr. In: ML 38 (2010), S. 52

7 Traditionsverein Wollseifen (Hrsg): Erinnerungen an Wollseifen, o.O., 4. Aufl. 2011, S. 20

8 Ernst Ludwig Haeger: Pfarrei Wollseifen/Eifel 1660–1946, masch. geschr. Manuskript, 2002/2003 und 2007, hier die Transkription des Protokolls über die Erhebung der Filiale Wollseifen zur selbständigen Pfarrei, S. 30

9 Kreisarchiv EU: Wollseifen, Nachlass Heimbach Nr. 1, Teil 2 Tagebuch

10 Ebenda, Manuskriptseite 26

11 Ebenda, S. 35 ff

12 Ebenda, S. 43

13 Ernst Ludwig Haeger: Pfarrei Wollseifen/Eifel 1660–1946, masch. geschr. Manuskript, 2002/2003, S. 7

14 Das war die übliche Arbeitskleidung der Bauern

15 Zit. nach: Kreisarchiv EU: Wollseifen, Nachlass Heimbach Nr. 1, Teil 2 Tagebuch, S. 44 und 45

16 Ernst Ludwig Haeger: Pfarrei Wollseifen/Eifel 1660–1946, masch. geschr. Manuskript, 2002/2003, S. 11

17 Elmar Neuß/Toni Offermann (Hrsg.): Der Arzt und Aufklärer Johann Christian Jonas (1765–1834), Köln/Weimar/Wien 2017, S. 127

18 Zit. nach Traditionsverein Wollseifen (Hrsg.): Erinnerungen an Wollseifen, S. 15

19 Gerd Fischer/Wolfgang Herborn (Hrsg.): Rheinische Landwirtschaft um 1820. Die Schwerzsche Agrarenquete im Regierungsbezirk Aachen (=Beiträge zur Rheinischen Volkskunde 2), Köln 1987, S. 135

20 Traditionsverein Wollseifen (Hrsg.): Erinnerungen an Wollseifen, S. 24

21 Gerd Fischer/Wolfgang Herborn (Hrsg.): Rheinische Landwirtschaft um 1820. Die Schwerzsche Agrarenquete im Regierungsbezirk Aachen (=Beiträge zur Rheinischen Volkskunde 2), Köln 1987, S. 100f

22 Kreisarchiv EU: Wollseifen, Nachlass Heimbach, Tagelöhnerarbeiten und diverse Tabellen – Nr. 08, S. 2ff

23 Ebenda, S. 4

24 Ebenda, S. 5

25 Ebenda

26 Vgl. dazu auch Traditionsverein Wollseifen (Hrsg.): Erinnerungen an Wollseifen, S. 122f

27 Kreisarchiv EU: Wollseifen, Nachlass Heimbach, Tagelöhnerarbeiten und diverse Tabellen – Nr. 08, S. 2

28 Vgl. dazu auch Traditionsverein Wollseifen (Hrsg.): Erinnerungen an Wollseifen, S. 123

29 Annegret Zebedies/Paul Marx: Die Köhlerei in der Eifel. Masch. geschr. Manuskript, Düren 1986, S. 55

30 Ebenda, S. 43

31 Vgl. dazu auch Traditionsverein Wollseifen (Hrsg.): Erinnerungen an Wollseifen, S. 13

32 Vgl. dazu ebenda, S. 28

33 Ebenda, S. 16

34 Ebenda, S. 42ff

35 Ebenda, S. 87

36 Karl J. Lüttgens: Chronik des Kreises Schleiden/Euskirchen und seiner Nachbarn 1792–1980, Schleiden 2010, S. 70

37 Vgl. dazu auch Christa Berg: Die Okkupation der Schule, Heidelberg 1973, S. 72

38 Kreisarchiv EU: Wollseifen, Nachlass Heimbach, Tagelöhnerarbeiten und diverse Tabellen – Nr. 08

39 Kreisarchiv EU: Wollseifen, Nachlass Heimbach, Stoffverteilungsplan für die Fortbildungsschule zu Wollseifen, Heft 1 und 2

40 Ebenda

41 Kreisarchiv EU: Wollseifen, Nachlass Heimbach, Teil 2, Tagebuch 01

42 Traditionsverein Wollseifen (Hrsg.): Erinnerungen an Wollseifen, S. 126

43 Zit. nach Rainer Henssler: „Der gefesselte Bach, verwandelt in Kraft, für weite Gebiete Licht nun schafft". Stromerzeugung aus Wasserkraft. In: Arbeitskreis Eifeler Museen (Hrsg.): „Der Strom kommt". Die Elektrifizierung im Eifel- und Moselraum, Meckenheim 1996, S. 83

44 Traditionsverein Wollseifen (Hrsg.): Erinnerungen an Wollseifen, S. 56

45 Kreisarchiv EU: Wollseifen, Nachlass Heimbach, Teil 2 Tagebuch 01., Bl. 72

46 Traditionsverein Wollseifen (Hrsg.): Erinnerungen an Wollseifen, S. 56

47 Kreisarchiv EU: Wollseifen, Nachlass Heimbach, Teil 2 Tagebuch 01., Bl. 72

48 M = Mark

49 Wie Anm. 47

50 Traditionsverein Wollseifen (Hrsg.): Erinnerungen an Wollseifen, S. 126

51 Ebenda, S. 127

52 Ebenda, S. 30

53 Kreisarchiv EU: Wolleifen, Nachlass Heimbach, Tagebuch Nr. 1, Teil 2, o.P.

54 Ebenda

55 Ebenda

56 Ebenda

57 Ebenda

58 Ernst Ludwig Haeger (Bearb.): Pfarrei Wollseifen/ Eifel 1660–1946. Abschrift des alten Tagebuchs (teilweise), masch. geschr., Manuskript, Klein- Zimmern 2002/2003 und 2007, S. 12

59 Kreisarchiv EU: Wollseifen, Nachlass Heimbach, Tagebuch Nr. 1, Teil 2, o.P.

60 Masch. geschr. Manuskript 2014, überarbeit. 2016

61 Ernst Ludwig Haeger (Bearb.): Pfarrei Wollseifen/ Eifel 1660–1946 (wie Anm. 58), S. 12

62 Zit. nach Kreisarchiv EU: Wollseifen, Nachlass Heimbach, Tagebuch Nr. 1, Teil 2, o.P

63 Ebenda

64 Ebenda

65 Ebenda

66 Ernst Ludwig Haeger (Bearb.): Pfarrei Wollseifen/ Eifel 1660–1946 (wie Anm. 58), S. 13

67 Manfred Hilgers: „Licht und Kraft für den Kreis Schleiden". Von der Stromgenossenschaft bis zur Kreisenergieversorgung. In: Arbeitskreis Eifeler Museen (Hrsg.), „Der Strom kommt!". Die Elektrifizierung im Eifel- und Moselraum, Meckenheim 1996, S. 184

68 Nach Traditionsverein Wollseifen (Hrsg.): Erinnerungen an Wollseifen, S. 31

69 Zit. nach Kreisarchiv EU: Wollseifen, Teil 3, Zeitungsausschnitte

70 Ernst Ludwig Haeger (Bearb.): Pfarrei Wollseifen/ Eifel 1660–1946 (wie Anm. 58), S. 17

71 F.A. Heinen: Vogelsang. Von der NS-Ordensburg zum Truppenübungsplatz in der Eifel, Aachen 2002, S. 11

72 Ernst Ludwig Haeger (Bearb.): Pfarrei Wollseifen/ Eifel 1660–1946 (wie Anm. 58), S. 18

73 Kreisarchiv EU: Wollseifen, Nachlass Heimbach , Schmierbuch, Nr. 12

74 Ebenda, S. 3

75 Ebenda, S. 4

76 Kreisarchiv Euskirchen, Nachlass Heimbach, Teil 3, Zeitungsausschnitte

77 Ebenda, „Schleidener Beobachter", Datum unkenntlich

78 Kreisarchiv EU: Wollseifen, Nachlass Heimbach, Schmierbuch, Nr. 12

79 Ernst Ludwig Haeger (Bearb.): Pfarrei Wollseifen/ Eifel 1660–1946 (wie Anm. 58), S. 18

80 Kreisarchiv EU: Wollseifen, Nachlass Heimbach, Schmierbuch, Nr. 12

81 Ebenda

82 F.A. Heinen: „Abgang durch Tod". Zwangsarbeit im Kreis Schleiden 1939–1945, Schleiden 2018, S. 43ff

83 Kreisarchiv EU: Wollseifen, Nachlass Heimbach, Schmierbuch, Nr. 12

84 Kreisarchiv EU: Wollseifen, Nachlass Heimbach, Tagebuch Nr. 1, Teil 2, o.P

85 F.A. Heinen: Vogelsang. Von der NS-Ordensburg zum Truppenübungsplatz in der Eifel, Aachen 2002, S. 33ff

86 Traditionsverein Wollseifen (Hrsg.): Erinnerungen an Wollseifen, S. 32

87 Ernst Ludwig Haeger (Bearb.): Pfarrei Wollseifen/ Eifel 1660–1946 (wie Anm. 58), S. 29. Die Söhne von Peter Heimbach nennen den 16. Dezember 1944: Kreisarchiv EU: Wolleifen, Nachlass Heimbach, Tagebuch Nr. 1, Teil 2, o.P

88 Ernst Ludwig Haeger (wie Anm. 58), S. 20

89 Ebenda, S. 20

90 Traditionsverein Wollseifen (Hrsg.): Erinnerungen an Wollseifen, S. 93

91 Ebenda, S. 151

92 F.A. Heinen: Vogelsang. Von der NS-Ordensburg zum Truppenübungsplatz in der Eifel, Aachen 2002, S. 57

93 Ebenda, S. 58f

94 Ernst Ludwig Haeger (wie Anm. 58), S. 20

95 Traditionsverein Wollseifen (Hrsg.): Erinnerungen an Wollseifen, S. 34ff

96 F.A. Heinen: Vogelsang. Von der NS-Ordensburg zum Truppenübungsplatz in der Eifel, Aachen 2002, S. 70

97 Kreisarchiv EU, Kreis Schleiden – Archiv, III 841, Nr. 146–21, Eingabe an den Kreistag, zur Kreistagssitzung am 31.3.47

98 Ebenda

99 Kreisarchiv EU, Kreis Schleiden – Archiv, II 842, Nr. 146–21

100 Ebenda, Niederschrift einer Besprechung zur Entschädigungssache Wollseifen vom 5. April 1949

101 Traditionsverein Wollseifen (Hrsg.): Erinnerungen an Wollseifen, S. 140

102 Zit. nach https://www.vossenack.nrw/index.php/ueber-raffelsbrand

103 Kreisarchiv EU, Kreis Schleiden – Archiv, II 841, Nr. 146–21

104 Siehe dazu auch https://www.vossenack.nrw/index.php/ueber-raffelsbrand; auf dieser Seite sind auch Filme über die Kultivierung und den Aufbau von Raffelsbrand zu sehen

105 F.A. Heinen: Vogelsang. Von der NS-Ordensburg zum Truppenübungsplatz in der Eifel, Aachen 2002, S. 79ff

106 Vgl. dazu Christoph Brüll: Die „Revolte von Mützenich" (1949): eine deutsch-belgische Grenzgeschichte. In: Das Monschauer Land Jahrbuch 2014; S. 103–123

107 F.A. Heinen: Vogelsang. Von der NS-Ordensburg zum Truppenübungsplatz in der Eifel, Aachen 2002, S. 74f

108 Ebenda, S. 73

109 Ebenda, S. 176

110 Broschüre: Regionalstellen Eifel und Düren des Bistums Aachen. Arbeitskreis Wollseifen im Netzwerk ´Kirche im Nationalpark´ (Hrsg): Wollseifen. Gestern. Heute. Morgen, Schleiden 2004, S. 3

Bildnachweis

Akademie Vogelsang IP, Roman Hövel	Abb. 1, 9 (rechts), 23, 25, 26, 47, 77, 97, 98, 102
Archiv Vogelsang IP	Abb. 53, 65, 69, 76, 78, 85
Kreisarchiv Euskirchen	Abb. 48, 58, 67
Landesvermessungsamt NRW	Abb. 4
Andreas Pardey	Abb. 106
Wilfried Ronig	Abb. 103
Sammlung Franz Albert Heinen	Abb. 89, 92, 94
Sammlung Georg May	Abb. 29, 31, 32, 33, 55, 56, 66, 80, 81
Sammlung Adolf Thönnessen, Raffelsbrand	Abb. 86
Sammlung Thönnessen, Freilingen	Abb. 37, 52
Sammlung Andreas Züll	Abb. 57, 64, 68, 73
Stadtarchiv Schleiden	Abb. 87
Dörte Stein	Abb. Titel (rechts), 6, 10, 22, 46, 105
Traditions- und Förderverein Wollseifen e.V., Nachlass Käthe Wirtz	Abb. 28, 43
Traditions- und Förderverein Wollseifen e.V., Sammlung Sistig	Abb. Titel (links), 2, 3, 5, 7, 8, 9 (links), 11, 12, 13, 14, 16, 20, 27, 34, 36, 39, 40, 41, 42, 44, 45, 49, 50, 51, 54, 59, 60, 61, 62, 63, 70, 72, 74, 75, 79, 82, 83, 84, 88, 90, 91, 93, 95, 96, 99, 100, 101, 104
Traditions- und Förderverein Wollseifen e.V., Sammlung Sistig, Foto Josef Lorbach	Abb. 15, 17, 18, 19, 21, 24, 30, 35, 38, 71

Quellen und Literaturauswahl

Kreisarchiv Euskirchen:

- Kreis Schleiden – Archiv, I 568
- Kreis Schleiden, - Archiv, II 841 und 842
- Wollseifen, Nachlass Peter Heimbach

Literaturauswahl:

Arbeitskreis Eifeler Museen (Hrsg.): „Der Strom kommt". Die Elektrifizierung im Eifel- und Moselraum, Meckenheim 1996

Christa Berg: Die Okkupation der Schule, Heidelberg 1973

Christoph Brüll: Die „Revolte von Mützenich" (1949): eine deutsch-belgische Grenzgeschichte. In: Das Monschauer Land Jahrbuch 2014

Gerd Fischer/Wolfgang Herborn (Hrsg.): Rheinische Landwirtschaft um 1820. Die Schwerzsche Agrarenquete im Regierungsbezirk Aachen (=Beiträge zur Rheinischen Volkskunde 2), Köln 1987

Ernst Ludwig Haeger: Pfarrei Wollseifen/Eifel 1660–1946, masch. geschr. Manuskript, 2002/2003

Franz Albert Heinen: Vogelsang. Von der NS-Ordensburg zum Truppenübungsplatz in der Eifel, Aachen 2002

Hermann Hinsen: Das Land „Überruhr". Eine Schleidener Enklave im Herzogtum Jülich. In: Das Monschauer Land Jahrbuch 2001

Rainer Hülsheger: Walberhof im Land Überruhr. In: Das Monschauer Land Jahrbuch 2010

Hans Gerd Lauscher: Zur Geschichte der Heilsteinquelle bei Einruhr. In: Das Monschauer Land Jahrbuch 2005

Karl J. Lüttgens: Chronik des Kreises Schleiden/Euskirchen und seiner Nachbarn 1792–1980, Schleiden 2010

Elmar Neuß/Toni Offermann (Hrsg.): Der Arzt und Aufklärer Johann Christian Jonas (1765–1834), Köln/Weimar/Wien 2017

Regionalstellen Eifel und Düren des Bistums Aachen. Arbeitskreis Wollseifen im Netzwerk ´Kirche im Nationalpark´ (Hrsg): Wollseifen. Gestern. Heute. Morgen, Schleiden 2004

Traditionsverein Wollseifen (Hrsg.): Erinnerungen an Wollseifen, 4. Aufl., o. O. 2011

Annegret Zebedies/Paul Marx: Die Köhlerei in der Eifel. Masch. geschr. Manuskript, Düren 1986

Andreas Züll: Die katholische Volksschule im ehemaligen Dorf Wollseifen im schulpolitischen Kontext ihrer zeit (1863 bis 1946). In: Jahrbuch des Kreises Euskirchen 2020

Andreas Züll: Gedenkbuch für die Soldaten im Ersten Weltkrieg 1914–1918. Masch. geschr. Manuskript 2014, überarbeitet 2016

Dank

Die vorliegende Publikation basiert auf der Unterstützung zahlreicher Einzelpersonen und Institutionen, die bereits bei der Konzeption der Ausstellung in der ehemaligen Schule in Wollseifen mit Bild- und Schriftquellen beigetragen haben. Dieses Material habe ich auch bei der Erstellung der vorliegenden Publikation nutzen können. Außerdem konnten Sachverhalte durch mündliche Informationen von Zeitzeuginnen und Zeitzeugen sowie in Gesprächen mit Fachleuten geklärt werden.

Daher gilt mein Dank vor allem Christel Küpper, Georg May, Andreas Pardey, Adolf Thönnessen und Andreas Züll. Der Traditions- und Förderverein Wollseifen e.V. mit seinem Vorsitzenden Wilfried Ronig hat sein Archiv, das zurzeit in Räumlichkeiten der Vogelsang IP gemeinnützige GmbH lagert und teilweise digital vorliegt, zur Verfügung gestellt. Ebenso haben mir Mitarbeiterinnen und Mitarbeiter der Nationalparkverwaltung wertvolle Hinweise und Tipps geben können.

Dank gebührt insbesondere auch der Stiftung Nationalpark Eifel und Vogelsang. Als gemeinnützige, aus Spenden getragene Stiftung setzt sie sich seit Jahren für Projekte im Nationalpark Eifel sowie am Internationalen Platz Vogelsang IP ein. Mit ihrer Unterstützung sowie mit Fördermitteln der NRW-Stiftung sowie der Kultur- und Sportstiftung der Kreissparkasse Euskirchen konnten sowohl der Raum der Stille in der ehemaligen Kirche St. Rochus als auch die Ausstellung in der alten Schule in Wollseifen inhaltlich und gestalterisch erarbeitet werden. Dies legte die Basis für einen Fundus an Archivmaterial, das auch für die Erarbeitung dieser Publikation genutzt werden konnte.

Danken möchte ich auch den Mitarbeiterinnen und Mitarbeitern der Akademie Vogelsang IP, die mir bei Recherchen und bei der Redaktion zur Seite standen sowie insbesondere Dörte Stein für die Gestaltung der Publikation.

Zum Schluss gilt mein Dank dem Landschaftsverband Rheinland für die finanzielle Unterstützung dieser Veröffentlichung sowie der Vogelsang IP gemeinnützige GmbH, die dieses Projekt mit getragen und die Herausgeberschaft übernommen hat.

Gabriele Harzheim, 2019